57가지 김밥과 18가지 곁들임

한입에 김밥

요리 **김봉경 & 최승봉**

수작 걸다

맛있는 김밥의 기본 원칙 5

1 밥하기 ▸▸▸
쌀은 조금만 불려야

김밥의 맛은 밥이 50%라 할 수 있지요. 너무 질지도, 되지도
않게 짓는 게 포인트예요. 그러기 위해서는 쌀을 물에 오래
담가두지 않아야 합니다. 쌀알에 수분이 침투하는 양이
많아지면 질어질 수 있어요.

2 밑간하기 ▸▸▸
뜨거울 때 섞어야

갓 지어낸 밥에 소금과 참기름, 통깨를 넣고 밑간을 해야 간이
고루 잘 배인답니다. 밥이 식기 전에 밑간을 해두고 한숨
식혀 사용하세요. 이때 소금은 고운 소금을 사용하세요. 굵은
소금은 잘 녹지 않아 알갱이가 씹힐 수 있어요.

3 속재료 준비하기 ▸▸▸
재료 각각에 간해야

김밥에 넣는 재료는 귀찮더라도 재료 하나하나 간을
해주세요. 속재료에 간을 하지 않고, 밥에만 간을 몰아서
하면 절대 맛있는 김밥을 완성할 수 없어요. 속재료는 최대한
물기를 제거한 뒤 각각의 간을 해주세요. 속재료 자체가
맛나야 해요.

4 김밥 말기 ▸▸▸
한김 식힌 밥 올려야

너무 뜨거운 밥을 올리지 마세요. 김이 쭈글쭈글해지고
질겨져서 김밥 맛을 해칩니다. 뜨거울 때 양념한 밥은 꼭 한숨
식힌 후에 김 위에 올려 사용하세요. 김밥을 말 때는 힘으로
누르지 않아야 밥알이 탱글탱글 살아 있어요.

5 자르기 ▸▸▸
식초물 묻힌 칼로 썰기

김밥의 하이라이트는 썰기이지요. 이때 중요한 도구가
칼입니다. 칼은 김밥의 지름과 비슷한 폭으로 선택해야
단면이 한번에 깨끗하게 썰립니다. 물 1컵에 식초
1/2작은술을 섞은 식초물을 묻혀 자르세요. 단면도 잘 잘리고
쉽게 상하지 않아요.

〈한입에 김밥〉 책보기 설명서

1 **김+밥+재료** ▶▶▶
재료 가짓수에 따라
찾아보기

김밥을 하기 전, 먼저 할 일은 속재료 준비입니다. 냉장고를 점검해
'오늘의 김밥'을 결정하세요! 속재료 없이 밥에 힘을 준 소스 김밥,
한 가지 속재료로 맛을 낸 미니 김밥 등 재료의 가짓수에 주목했습니다.
매일 우리집 냉장고 속사정에 맞는 김밥을 선택하세요.

2 **김 필요량 체크** ▶▶▶
김밥 크기의 다양화

각각의 김밥 만들기에 필요한 김의 양을 한눈에 보기 쉽도록
아이콘으로 표기했습니다. 필요한 김의 양을 정확히 알면 어떤
김밥이라도 두렵지 않아요. 다양한 크기의 김밥에 도전하세요.

3 **일러두기** ▶▶▶
재료 및 분량 기준

▸ 모든 메뉴는 2인(일반 김밥 2줄) 분량입니다.

▸ 사용한 김은 시중 판매하는 김밥용 김(19cm×21cm)입니다.

▸ 일반 김밥은 밥 1공기(200g), 누드 김밥은 2공기(400g), 샌드위치
  김밥은 1과1/2공기(300g) 기준입니다.

▸ 밥 1공기(200g)별 기본 밑간은 참기름 1작은술+통깨
  1/2작은술+소금 1/4작은술, 기본 배합초는 식초 1/2큰술+설탕
  1/3큰술+소금 1/5큰술입니다.

▸ 컵은 계량컵 기준입니다. 계량컵 1컵=종이컵 1과1/9컵.

▸ 양념류는 계량스푼 기준입니다.

  • 계량스푼 고추장 1큰술= 밥숟가락 수북이 1큰술

  • 계량스푼 간장 1큰술= 밥숟가락 1과1/3큰술

  • 계량스푼 올리고당 1큰술= 밥숟가락 1과1/3큰술

▸ 채소는 중간 크기, 1개 기준 200g입니다.

  • 당근 1개 · 애호박 1개 · 감자 1개 · 양파 1개=200g

  • 부추 한줌 · 미나리 한줌 · 맛타리버섯 한줌=50g

  • 대파 흰부분 1대=10cm, 마늘 1쪽=5g

INFO

김밥 INFORMATION

PART 1

소스에 찍어 먹는 김밥

PART 2

PART 3

PART 4

PART 5

PART 6

샌드위치 김밥

INFO

김밥으로 꾸미는 상차림

김밥

INFORMATION

김밥의 기본, 재료 준비하기

김밥에는 많은 도구가 필요하지 않습니다. 다만 꼭 필요한 필수품이 있지요. 김발, 칼, 주걱, 도마… 언제고 주방 한켠에 있는 도구들이지만 김밥 싸는 날이라면 좀더 신경써서 챙겨보세요. 김밥의 맛과 모양이 달라질 수 있답니다.

필수 도구

대나무 용기

뜨거운 밥에 식초와 소금 등으로 간을 한 뒤에는 반드시 주걱으로 가르면서 밥을 식혀줍니다. 이때 대나무 용기를 이용하면 보다 빨리 밥의 온도를 낮출 수 있어요.

도마

김치 냄새, 마늘 냄새 등 도마에 냄새가 배지 않는 걸 쓰세요. 나무 도마일 경우 세균 번식이 더 빠르기 때문에 햇볕에 말려줍니다.

칼

깔끔한 단면의 김밥을 만들고 싶다면, 김밥 크기의 맞는 칼을 선택하세요. 칼의 폭은 일반 김밥의 지름 정도가 적당해요. 김밥을 자를 때는 한 번에 잘라야 단면도 예쁘고 김이 찢어지지 않아요.

나무 주걱

김밥용 주걱은 반드시 나무로 소재를 선택하세요. 밥에 밑간할 때 밥알이 으깨지지 않게 도와줍니다.

김발

김밥의 모양을 잡아주는 김발은 김과 직접적으로 닿는 도구이므로 가능한 친환경 제품을 선택하세요. 김발을 사용한 후에는 물에 씻어 바짝 말려줘야 곰팡이가 피지 않아요.

김밥용 김

김의 색이 검고 광택이 돌면서 잡티가 없어야 김밥을 싸기 좋습니다. 김의 비린 맛이 싫다면 한 번 구워 나온 김을 사용하고 남은 김은 위생백에 넣어 냉동 보관하세요. 실온에 두면 공기 중 수분으로 김이 눅눅해집니다.

쌀

햅쌀은 밥이 차져서 질게 느껴지기 쉬우므로 김밥용 밥은 묵은 쌀로 지어야 고슬한 느낌이 살아요.

통깨

밥 밑간에는 깨소금보다는 통깨를 넣어야 깔끔하지요. 깨는 볶은 뒤에는 기름이 나오므로 반드시 냉동 보관합니다. 사용 전에 산패한 기름 냄새가 나는지 확인하세요.

소금

밥과 잘 섞이는 구운 소금이나 입자가 고운 소금이 적당합니다. 만약 굵은 소금밖에 없다면 살짝 볶아 믹서나 커터기에 갈아서 사용하세요.

참기름

고소한 맛을 더해주는 참기름은 진한 갈색은 되도록 피하세요. 색이 진할수록 쓴맛이 강해 재료의 맛을 방해할 수 있습니다. 투명하고 밝은 황금빛 갈색의 참기름이 풍미가 좋습니다.

식초

밥을 밑간할 때, 김밥을 말아 썰 때 두루두루 필요합니다. 식초가 천연 살균, 방부 역할을 해줍니다. 이때 천연식초를 사용하면 보다 순한맛을 낼 수 있답니다.

고슬고슬
김밥용
밥짓기

쌀 씻기

쌀을 씻을 때는 첫물이 가장 중요하지요. 건조된 쌀
이나 곡식은 처음 닿는 수분을 최대한 흡수하기 때
문에 첫물은 가능한 생수나 정수된 물을 사용하는
게 좋습니다. 쌀 씻은 첫물은 바로 버리고, 그 다음
3~4회 정도는 살짝 문질러 씻어줍니다.

쌀 불리기 & 물기 빼기

씻은 쌀이 잠기도록 물을 부어 10분 정도 불렸다가 불린 쌀을 체에 밭
쳐 물기를 빼주세요. 바로 위생백에 넣어 냉장고에서 1시간 불린 뒤 밥
을 합니다. 이때 물은 불린 쌀의 양보다 1/4컵 정도 적게 잡아줘야 고슬
고슬한 밥이 완성됩니다.

밥 간하기

밥이 뜨거울 때 소금과 깨, 참기름을 넣고 섞어야
밥알에 간이 잘 배어들어요. 이때 주걱에 식촛물(물
1컵, 식초 1/2작은술)을 묻혀 섞으면 밥이 빨리 상하
는 걸 막아줍니다. 주걱은 세워서 밥을 가르듯이
가볍게 섞어줍니다.

밥 짓기

밥을 지을 때 다시마 한 조각을 넣어주면 밥맛이 더
욱 좋아지요. 여름에는 식초를 한두 방울 넣어 밥을
지으면 김밥이 빨리 쉬는 걸 방지할 수 있어요. 양
파 껍질 끓인 물로 밥물을 잡으면 밥에 단맛이 돌고
쉽게 상하지 않아요. 밥에 찹쌀을 더하면 밥이 굳는
걸 더디게 할 수 있습니다.

김밥의 변신,
컬러밥 짓기

색다른 김밥을 만들고 싶다면 밥의 컬러부터 달리해보세요.
약간의 가루만 있다면 흰밥에서 벗어나 컬러풀한 밥을 지을
수 있답니다. 채소를 직접 넣어 밥을 할 때는 한번 데쳐서
넣어야 풋내를 막을 수 있습니다.

* 쌀 1과1/2컵=불린 쌀 2와1/4컵

YELLOW RICE

치자가루, 카레가루 등을 이용해 노란색 밥을 지을 수 있어요. 노란색 밥에는
고추장이 들어간 양념이 어울리지요. 깻잎, 상추, 시금치 등의 초록색 채소를
곁들이면 컬러 대비가 좋답니다.

치자밥

쌀 1과1/2컵(또는 불린 쌀 2와1/4컵), 치자가루 2/3큰술, 물 2컵

1. 쌀은 첫물에 닿는 물을 재빨리 씻어 버리고 깨끗이 씻는다.
2. 쌀이 잠길 정도의 물을 붓고 10분 불린다.
3. 불린 쌀을 체에 밭쳐 물기를 뺀 후 위생백에 넣는다.
4. 냉장고에서 1시간 불린다.
5. 물 2컵에 치자가루를 섞은 뒤 솥에 불린 쌀과 넣어 밥을 한다.

카레밥

쌀 1과1/2컵, 순한맛 카레가루 2/3큰술, 물 2컵

1. 쌀은 첫물에 닿는 물을 재빨리 씻어 버리고 깨끗이 씻는다.
2. 쌀이 잠길 정도의 물을 붓고 10분 불렸다 체에 밭쳐
   물기를 뺀 뒤 위생백에 넣는다.
3. 냉장고에서 1시간 불렸다가 솥에 불린 쌀과 물을 넣고 밥을 한다.
4. 순한맛 카레가루는 입자가 거칠면 고운체에 내려준다. 카레가루는
   순한맛으로 넣어야 다른 재료와 어우러진다.
5. 밥에 카레가루를 넣어 주걱으로 가르듯이 섞는다.

달걀노른자밥

쌀 1과1/2컵, 달걀 3개, 물 2컵
달걀 삶는 물 소금 · 식초 1/2작은술씩

1. 쌀은 첫물에 닿는 물을 재빨리 씻어 버리고 깨끗이 씻는다.
2. 쌀이 잠길 정도의 물을 붓고 10분 불렸다 체에 밭쳐
   물기를 뺀 뒤 위생백에 넣는다.
3. 냉장고에서 1시간 불렸다가 솥에 불린 쌀과 물을 넣고 밥을 한다.
4. 냄비에 달걀, 소금, 식초와 물을 넣어 10~15분 삶는다.
5. 흰자와 달걀노른자를 분리하고, 달걀노른자는 고운체에 내린다.
6. 밥에 달걀노른자를 넣어 섞는다.

자색밥은 화려한 속재료 없이 밥만으로도 컬러를 내기 좋은 재료이지요. 크림치즈나 견과류, 새송이버섯, 닭고기처럼 흰색 재료와 매칭하면 김밥의 단면이 예뻐요.

비트밥

쌀 1과1/2컵, 비트가루 1큰술, 물 2컵

1. 쌀은 첫물에 닿는 물을 재빨리 씻어 버리고 깨끗이 씻는다.
2. 쌀이 잠길 정도의 물을 붓고 10분 불린다.
3. 불린 쌀을 체에 밭쳐 물기를 뺀 후 위생백에 넣어 냉장고에서 1시간 불려 밥을 한다.
4. 밥에 비트가루를 넣어 주걱으로 가르듯이 섞는다.

자색고구마밥

쌀 1과1/2컵, 자색고구마 1/2개, 물 2컵

1. 쌀은 첫물에 닿는 물을 재빨리 씻어 버리고 깨끗이 씻는다.
2. 쌀이 잠길 정도의 물을 붓고 10분 불린다.
3. 불린 쌀을 체에 밭쳐 물기를 뺀 후 위생백에 넣어 냉장고에서 1시간 불린다.
4. 자색고구마는 깍뚝썰기하여 준비한다.
5. 솥에 불린 쌀, 물과 함께 넣고 밥을 한다.

김밥용 밥으로 잡곡밥을 준비할 때는 잡곡이 제대로 익을 수 있도록 신경써주세요. 오래 불려야 하는 콩은 미리 불려놓아야 설익지 않는답니다.

통들깨밥

쌀 1과1/2컵, 통들깨 1/2컵, 물 2컵

1. 쌀은 첫물에 닿는 물을 재빨리 씻어 버리고 깨끗이 씻는다.
2. 쌀이 잠길 정도의 물을 붓고 10분 불린다.
3. 불린 쌀을 체에 밭쳐 물기를 뺀 후 위생백에 넣어 냉장고에서 1시간 불린다.
4. 솥에 불린 쌀, 통들깨, 물을 넣고 밥을 한다.

완두콩밥

쌀 1과1/2컵, 완두콩 1/2컵, 물 2컵

1. 쌀은 첫물에 닿는 물을 재빨리 씻어 버리고 깨끗이 씻는다.
2. 쌀이 잠길 정도의 물을 붓고 10분 불린다.
3. 불린 쌀을 체에 밭쳐 물기를 뺀 후 위생백에 넣어 냉장고에서 1시간 불린다.
4. 솥에 불린 쌀, 완두콩, 물을 넣고 밥을 한다.

봄내음이 담긴 녹색밥은 고기 종류의 속재료와 잘 어울리지요. 불고기나
고기볶음, 닭구이 등을 속재료로 곁들여도 좋습니다. 파프리카나 당근처
럼 주홍빛 속재료가 들어가면 색의 조화가 곱지요.

녹차밥

쌀 1과1/2컵, 녹차가루 2/3큰술, 물 2컵

1. 쌀은 첫물에 닿는 물을 재빨리 씻어 버리고 깨끗이 씻는다.
2. 쌀이 잠길 정도의 물을 붓고 10분 불린다.
3. 불린 쌀을 체에 밭쳐 물기를 뺀 후 위생백에 넣는다.
4. 냉장고에서 1시간 불린다.
5. 물 2컵에 녹차가루를 섞은 뒤 솥에 불린 쌀과 넣어 밥을 한다.

브로콜리밥

밥 1공기, 브로콜리 1/4개
브로콜리 데칠 물 물 2컵, 소금 1/4작은술

1. 브로콜리는 깨끗이 씻어 끓는 물에 소금을 넣어 30초정도 데친다.
2. 데친 브로콜리는 찬물에 헹구어 체에 밭친다.
3. 물기를 뺀 브로콜리를 곱게 다진다.
4. 밥에 다진 브로콜리를 넣고 섞는다.

시금치밥

쌀 1과1/2컵, 시금치가루 2/3큰술, 물 2컵

1. 쌀은 첫물에 닿는 물을 재빨리 씻어 버리고 깨끗이 씻는다.
2. 쌀이 잠길 정도의 물을 붓고 10분 불린다.
3. 불린 쌀을 체에 밭쳐 물기를 뺀 후 위생백에 넣는다.
4. 냉장고에서 1시간 불린다.
5. 물 2컵에 시금치가루를 섞은 뒤 솥에 불린 쌀과 넣어 밥을 한다.

김밥 맛내기,
건강 단무지 만들기

단무지 없는 김밥은 앙꼬 없는 찐빵이다?
달고 짠 단무지 대신 새로운 재료로 김밥의
간을 맞춰보세요. 집에서 천연색소로
만드는 치자단무지부터 오이지, 고추장아찌,
버섯장아찌 등 맛은 물론 씹히는 질감까지
단무지를 대체할 메뉴를 소개합니다.

무색단무지

집에서 만드는 무색단무지는 시중 단무지에 비해 단맛이 덜하고 레몬을 넣어 상큼한 맛이 나지요. 고춧가루와 참기름으로 살짝 무쳐서 넣어도 맛나요.

무 2개(3kg), 소금 3큰술, 레몬 1/4개
단무지 절임물 설탕 · 식초 2와1/2컵씩, 물 1컵

1.

2.

3.

무는 세로 방향으로 15cm x 1cm 크기로 자르고, 레몬은 0.2cm 자른다. 통에 무를 넣고, 소금 3큰술을 넣어 30분정도 절인다.

냄비에 설탕과 식초를 물에 섞은 단무지 절임물을 넣고 끓여 한김 식힌다.

절인 무에 절임물을 붓고 레몬을 넣는다. 절임물이 식으면 뚜껑을 닫아 1주일 정도 절인다.

COOKING TIP

천연색소 치자단무지 만들기

단무지의 색을 내고 싶다면 치자가루 2/3큰술을 다시팩에 담아 레몬과 함께 넣어두세요. 열매치자를 사용할 경우에는 레시피 분량에 치자 2~3개를 반 갈라 넣으세요.

새송이버섯장아찌

버섯장아찌는 단무지 대용으로도 좋지만, 마땅한 고기 재료가 없을 때 활용하기 좋습니다. 수분을 최대한 제거한 뒤 넣어야 시간이 지나도 김이 찢어지지 않아요.

새송이버섯 10개(2~3봉지)
장아찌 물 간장 1과1/3컵, 올리고당 · 매실청 1/3컵씩, 청양고추 2개, 마늘 6쪽
채수 양파 1/2개, 무 3cm 1토막, 다시마 5cm×5cm 1장, 물 3과1/2컵

1. 냄비에 채수 재료를 넣고 끓어오르면 다시마를 건지고, 약불에서 15~20분 더 끓인다.
2. ❶에 장아찌 물 재료를 넣고 끓어오르면 새송이버섯을 넣어 살짝 데친다. 남은 장아찌 물을 차갑게 식힌다.
3. 통에 장아찌 물에 데쳐낸 새송이버섯을 넣는다.
4. ❸에 차갑게 식힌 새송이버섯장아찌 물을 부어 절인다.
5. 2일 후 새송이버섯장아찌 물만 따라내어 한 번 끓여 식힌 후 붓는다.

오이지

김밥에 오이지를 넣으면 오도독 씹히는 질감이 좋지요. 오이지를 속재료로 이용하기 위해서는 수분을 최대한 제거해 넣어야 합니다. 자칫 김이 눅눅해지기 쉽답니다.

오이 15개
오이 절임물 설탕 3컵, 식초 2컵, 소금 2/3컵

1. 오이 겉면은 소금으로 깨끗이 닦는다.
2. 볼에 오이 절임물을 넣어 최대한 녹을 때까지 젓는다.
3. 통에 오이를 담고, 오이 절임물을 부어 절인다. 처음에는 오이가 다 잠기지 않지만, 절여지면서 오이의 수분이 빠져 나와 잠길 정도의 충분한 물이 생긴다.

양배추피클

양배추피클을 김밥에 넣어주면 아삭한 식감이
김밥의 맛을 더해줍니다. 수분을 최대한 제거한
후 넣는 게 포인트이지요. 너무 신맛이 강하지
않도록 조절해서 담가주세요.

적채 1통, 레몬 1/4개, 월계수잎 1장
적채 절임물 설탕·식초 2와1/2컵씩, 소금 1큰술, 물 1컵

1. 적채는 사방 2cm 크기로 썰고, 레몬은 0.2cm 두께로 자른다.
2. 통에 준비한 적채와 레몬을 넣는다.
3. 냄비에 적채 절임물과 월계수잎을 넣고 한소끔 끓으면 불을 끄고 차갑게 식힌다.
4. ❷에 절임물을 부어 완성한다.

고추장아찌

다소 느끼한 김밥에는 단무지 대신 고추장아찌
를 넣으세요. 칼칼한 고추향이 느끼함을 덜어주
지요. 매운 고추장아찌라면 곱게 다져 넣어야 김
밥 재료와 잘 어우러져요.

고추 1kg
고추장아찌 물 간장 2컵, 식초 1과2/3컵, 설탕·매실청 1컵씩, 청주 1/4컵
채수 양파 1/4개, 당근 1/5개, 다시마 5cm×5cm 1장, 물 1컵

1. 냄비에 채수 재료를 넣고 끓어오르면 다시마를 건지고, 약불에서 5분정도 더 끓인다.
2. 고추는 포크로 구멍을 낸다. 빨리 맛을 내고 싶다면 고추를 잘라 넣어도 좋다.
3. ❶에 고추장아찌 물 재료를 넣어 끓어오르면 불을 끄고, 차게 식힌다.
4. 통에 고추를 넣고 고추장아찌 물을 부어 절인다.
5. 일주일 후 고추장아찌 물만 따라내어 다시 한 번 끓여 식힌 후 붓는다. 고추장아찌는 다른
장아찌에 비해 한 달 이상 숙성시켜야 맛이 든다.

일반 김밥 vs 누드 김밥 vs 달걀말이 김밥 vs 샌드위치 김밥 싸는 법

김밥 싸는 방법은 어렵지 않습니다. 하지만
결과물은 모두 제각각이지요. 중앙에 재료 동그랗게
모으기, 맵시나게 누드 김밥 싸기, 찢어지지 않게
달걀말이하기, 장안의 화제 샌드위치 김밥 싸기까지
모두 알려드립니다.

일반 김밥 → 재료 중앙에 놓기

김밥을 쌀 때마다 속재료가 한쪽으로 치우쳐 고민이라면 속재료를 넣는 순서부터 바꿔보세요. 단단한 재료들을 가장 나중에 올리기만 해도 김밥의 모양이 제대로 잡힌답니다.

1.

김의 거친 부분이 안으로 오게 놓고 맨 윗부분 5cm정도 남기고 최대한 밥을 고루 편다.

2.

밥 위에 잎채소나 넓은 달걀지단, 또는 김 1/2장을 올린 후 재료를 올린다.

3.

재료를 색깔별로 층층이 쌓듯이 올린다. 이때 단무지, 오이처럼 단단한 재료를 마지막에 올려 지지대 역할을 하도록 한다.

4.

김밥을 말 때 속재료가 나오지 않도록 재료를 덮듯 손가락으로 감싼 후 김발을 들어올려 밀면서 만다.

5.

다시 한 번 김발로 말아 김밥 모양을 잡는다. 칼에 식초물 또는 오일을 바른 후 썬다.

누드 김밥 → 맵시나게 말기

특별한 날 멋내기용으로 싸기 좋은 누드 김밥은 랩을 사용하면 한결 쉽게
완성할 수 있지요. 오이와 아보카도, 크림치즈 등을 속재료로 넣고 겉면에
날치알 등을 묻히면 색다른 캘리포니아 롤도 만들 수 있답니다.

1.

김발에 랩을 깐 후 김의 거친
부분이 안으로 오게 김을
올린다.

2.

김이 보이지 않게 밥을 고르게
편다. 밥을 꽉 채워야 겉면이
빈틈없이 모양이 잡힌다.

3.

랩은 그냥 두고 ❷만 들어서 김
부분이 안으로 오게끔 뒤집는다.

4.

김에 미리 준비한 속재료를
올린다.

5.

❹를 랩으로 감싸 올리며 누드
롤을 만다.

6.

❺를 랩으로 다시 한 번 감싼 후
김발을 말아 모양을 잡는다.

7.

랩이 싸여져 있는
상태에서 칼에
식초물을 묻힌 후 썬다.
그러면 겉면이 쉽게
마르지 않아 먹기 좋다.

달걀말이 김밥 → 달걀지단옷 입히기

싸두었던 김밥이 남아 있을 땐 달걀말이 김밥에 도전하세요. 달걀만 풀어 김밥에 돌돌 말아줘도 맛도 색도 달라집니다. 달걀에는 따로 밑간을 해야 김밥이 싱거워지지 않는데, 김밥 2줄 기준으로 달걀 4개, 맛술 1작은술, 소금 1/3작은술을 섞어 사용합니다.

1.

2.

3.

일반 김밥을 싼다.

달걀을 풀어 체에 내려 알끈을 제거한다.

알끈을 제거한 달걀물에 맛술과 소금으로 밑간한 뒤, 거품이 나지 않도록 젓는다.

4.

5.

6.

약하게 달군 팬에 오일을 두른 후 키친타월로 펴 바른다.

약불에서 달걀물을 천천히 붓는다.

달걀지단이 익기 시작하면 가장자리를 이쑤시개로 떼어낸다.

7.

미리 만든 김밥을 ❻에 올려 달걀지단을 입히듯 돌돌 만다. 김밥이 식으면 칼에 식초물을 묻혀 썬다.

요즘 일본에서 선풍적인 인기를 모으는 샌드위치 김밥, '오니기라즈'에 도전해보세요. 밥 버거를 김으로
싸놓았답니다. 휴대하기 편해 샌드위치처럼 어디서나 즐길 수 있지요.

1.

도마에 랩과 김을 순서대로
깐다. 김은 거친 면이 안으로
오게 한다.

2.

김 가운데 부분에 10cm×10cm
네모 모양으로 밥을 펼친다.

3.

❷에 재료를 층층이 올린다.
재료의 크기도 10cm×10cm을
넘지 않도록 한다.

4.

층층이 올린 재료 위에 다시
❷와 동량의 밥을 덮는다.

5.

김의 네 모서리가 중앙에 오도록
접어 네모 모양으로 감싼다.

6.

❺를 랩으로 다시 한 번 감싸
모양을 잡는다.

7.

식초물을 묻힌 칼로 직사각형
모양으로 2등분한다.

소스에
찍어 먹는 김밥

별다른 재료 없이 어디서나 손쉽게 싸기 좋은 김밥을 소개합니다.
양념밥이나 볶음밥을 김에 돌돌 말아 소스에 찍어 먹는 김밥을
만들어보았습니다. 두 살배기 아이부터 남편까지 모두가 좋아하는
가볍고도 특별한 스페셜 김밥입니다.

- 채소볶음 김밥 + 콩딥 소스
- 김치볶음 김밥 + 크림치즈 소스
- 소면돌돌 김밥 + 사과새콤고추장 소스
- 달걀볶음 김밥 + 시금치카레 소스
- 백미 김밥 + 고기견과고추장 소스
- 간장비빔 김밥 + 두부견과마요네즈 소스
- 흑미 김밥 + 나물된장 소스
- 참치볶음 김밥 + 청·홍고추간장 소스

김치볶음 김밥 + 크림치즈 소스

달걀볶음 김밥 +
시금치카레 소스

채소볶음 김밥 +
콩딥 소스

처치 곤란한 자투리 채소는 곱게 다져
볶음밥으로 만들어 김밥을 싸보세요. 밤 맛이
난다하여 밤콩으로도 불리는 병아리콩으로
만든 콩딥 소스를 곁들이면 봄날 기운이
입안 가득 느껴져요. 병아리콩 대신 메주콩인
백태를 이용해도 좋아요. 백태는 삶은 시간에
신경쓰세요. 덜 삶으면 콩 비린내가 나고
더 삶으면 메주 냄새가 나기 쉽답니다.

채소볶음 김밥 + 콩딥 소스

소면돌돌 김밥 +
사과새콤고추장 소스

■■ ■ 밥 1공기(200g), 김밥용 김 2장, 양파1/5개,
■■ ■ 당근 · 호박 1/8개씩, 다진 파 1큰술,
올리브유 약간
밥 밑간 참기름 1작은술, 통깨 1/2작은술, 소금 1/4작은술
콩딥 소스 병아리콩 1/4컵, 마늘 6쪽, 올리브유 6큰술,
참깨 · 레몬즙 3큰술씩, 고춧가루 · 올리고당 · 소금
1작은술씩

1. 밥은 밑간하고, 병아리콩은 하루 전에 물에 담가
불린다. 당근, 양파, 호박은 곱게 다진다.
2. 팬에 올리브유를 약간 두른 후 다진 파를 넣어
볶다가 다진 양파, 당근, 호박을 넣어 볶는다.
3. 밑간한 밥을 ❷에 넣고 볶는다.
4. 김은 열십자 모양으로 4등분해 8장을 만든다.
5. 김 위에 ❸의 채소볶음밥을 올려 지름 2cm크기로
돌돌 말아 준비한다.
6. ❶의 불린 병아리콩을 냄비에 담아 20분간 삶고,
마늘은 편 썰어 팬에 노릇하게 굽는다.
7. 커터기에 삶은 병아리콩, 구운 마늘, 남은 소스
재료를 넣고 갈아 소스를 완성해 채소볶음 김밥과
곁들인다.

김치볶음 김밥 +
크림치즈 소스

냉장고 속에 먹다 남은 김치가 있다면 송송 썰어 밥과 볶아
김 위에 올려보세요. 간단하면서도 맛있는 김밥이 뚝딱
만들어집니다. 크림치즈 소스를 곁들이면 매콤한 김치의 맛과 잘
어우러져요. 고소한 맛을 좋아한다면 소스에 깨를 갈아 넣어주세요.

■■ 밥 1공기(200g), 김밥용 김 2장, 김치 1/2컵, 다진 양파 2큰술,
■■ 올리브유 약간
김치 양념 들기름 1작은술, 설탕 1/2작은술, 다진 마늘 1/4작은술
크림치즈 소스 크림치즈·플레인요구르트 3큰술씩, 올리고당 1큰술,
레몬즙 1/2큰술

1. 김치는 곱게 다진 후 김치 양념을 한다.
2. 팬에 올리브유를 두른 후 다진 양파를 넣고 볶는다.
3. ❷에 양념한 김치를 넣고 볶다가 밥을 더해 김치볶음밥을 완성한다.
4. 김은 열십자 모양으로 4등분해 8장을 만든다.
5. 김 위에 김치볶음밥을 올려 지름 2cm 크기로 돌돌 말아 준비한다.
6. 볼에 크림치즈, 플레인요구르트, 올리고당, 레몬즙을 섞어 소스를
   만들어 김치볶음 김밥과 곁들인다.

COOKING
TIP

**홈메이드 요구르트에는
올리고당 양을 늘려야**

소스를 만들 때 잘 섞이지 않
는다면 거품기를 이용하세요.
레몬즙 대신 과일 식초나 유
자, 귤을 이용해도 좋습니다.
집에서 만든 요구르트가 있다
면 올리고당이나 꿀의 양을 조
금 늘려 섞어야 맛나요.

소면돌돌 김밥 +
사과새콤고추장 소스

소면을 밥 대신 이용해 만든 김밥이에요. 새콤달콤한 사과고추장과 곁들이면 비빔국수를 김밥으로 먹는 기분이 든답니다. 데친 오징어나 골뱅이를 잘게 잘라 넣으면 씹히는 식감을 더 살릴 수 있어요.

■■ 소면 한줌(60g), 김밥용 김 2장
■■ **사과새콤고추장 소스** 사과 1/5개, 고추장·식초 2큰술씩,
매실청 1큰술, 설탕 2작은술, 통깨·참기름 1작은술씩

1. 끓는 물에 소면을 넣어 삶는다. 끓어오르면 찬물을 붓는 과정을 2차례 반복한 뒤 2분정도 삶는다.
2. 삶은 소면은 전분기가 빠지게 헹구어 체에 밭쳐 물기를 최대한 뺀다.
3. 김은 열십자 모양으로 4등분해 8장을 만든다.
4. 김 위에 삶은 소면을 올려 지름 2cm 크기로 돌돌 말아 준비한다.
5. 사과는 곱게 다진 뒤 볼에 남은 소스 재료와 함께 넣고 섞는다.
6. 소면돌돌 김밥에 사과고추장 소스를 곁들인다.

COOKING TIP

다진 사과는 설탕물에 담갔다 사용

사과는 갈변이 빨리 되기 때문에 다진 후에는 설탕물에 담갔다 사용해야 합니다. 소스 재료에 들어가는 설탕을 조금 줄이고, 사과즙을 넣으면 사과 향이 풍부해집니다. 사과 대신 제철과일을 넣어도 맛나요.

달걀볶음 김밥 +
시금치카레 소스

달걀 한 알을 풀어 밥과 볶아도 맛난 한 끼가 차려집니다.
다진 파를 듬뿍 넣으면 파의 향이 고루 배어 맛이 좋아져요.
시금치카레 소스를 곁들이면 영양만점 세트가 되어요.

■■ 밥 1공기(200g), 김밥용 김 2장, 달걀 2개, 다진 파 1큰술,
■■ 참기름 1작은술, 통깨 1/2작은술, 소금 1/4작은술, 올리브유 약간
시금치카레 소스 시금치 1/2단, 양파 · 토마토 1/2개씩, 카레 1/2봉지,
물 1컵, 우유 1/2컵, 카놀라유 1큰술, 소금 1/3작은술, 후춧가루 약간

1. 팬에 올리브유를 둘러 다진 파를 볶다가 달걀 2개를 넣어
스크램블한다.
2. ❶에 밥과 참기름, 통깨, 소금으로 간해 달걀볶음밥을 완성한다.
3. 김은 열십자 모양으로 4등분해 8장을 만들고 ❷의 달걀볶음밥을 올려
지름 2cm크기로 돌돌 말아 준비한다.
4. 시금치는 적당히 자르고, 양파는 채 썬다. 토마토는 열십자 칼집을
넣어 끓는 물에 20초간 데쳐 껍질을 벗긴 뒤 채 썬다.
5. 달군 팬에 카놀라유를 둘러 채 썬 양파가 투명해질 때까지 볶다가
토마토와 시금치를 넣어 볶는다.
6. ❺에 물 1컵을 넣고 끓어오르면, 중간 불에서 3분간 끓여 한김 식힌다.
7. ❻을 믹서에 곱게 갈아 냄비에 넣고 카레가루와 우유를 넣어 약한
불에서 끓인 후 소금과 후춧가루를 넣어 완성한다.

**재료를 볶아 넣으면
소스 맛이 더 깊어져**

소스를 만들 때 양파와 토마토,
시금치를 살짝 볶아서 넣으면
깊은 맛을 낼 수 있어요. 깊은
풍미를 내고 싶다면 양파를 연
한 갈색빛으로 볶아 사용하세
요. 부드러운 맛을 원한다면 물
대신 우유로 농도를 맞추거나
생크림을 추가하세요.

백미 김밥 +
고기견과고추장 소스

고추장에 갖가지 재료를 넣고 고추장 소스를 만들어보세요.
다진 쇠고기가 듬뿍 들어간 맛있는 고추장 소스 하나만 있으면
김밥 소스는 물론 나물무침 소스로도 손색없답니다.

■■ 밥 1공기(200g), 김밥용 김 2장
■■ 밥 밑간 참기름 1작은술, 통깨 1/2작은술, 소금 1/4작은술
고추장 소스 다진 쇠고기 3큰술(50g), 고추장 4큰술,
다진 양파·견과류 2큰술씩, 올리고당 1과1/2큰술, 참기름·설탕 1/2큰술씩,
다시마 우린 물 또는 물 1/2컵
쇠고기 밑간 다진 파 1작은술, 다진 마늘·설탕·맛술 1/2작은술씩, 후춧가루
약간

1. 밥은 밑간하고, 김은 열십자 모양으로 4등분해 8장을 만든다.
2. 밑간한 밥을 김에 올려 지름 2cm 크기로 만다.
3. 다진 쇠고기는 키친타월에 올려 핏물을 제거한 후 밑간한다. 견과류는
   굵게 다져서 준비한다.
4. 팬에 참기름을 두른 후 다진 양파를 넣어 투명해질 때까지 볶다가
   밑간한 쇠고기를 넣어 볶는다.
5. ④에 고추장과 다시마 우린 물을 넣고 중간 불에서 볶는다.
   끓으면 약한 불에서 끓이다 올리고당과 설탕을 넣고 섞은 뒤 불을 끈다.
6. 굵게 다진 견과류를 넣어 소스를 완성해 백미 김밥과 곁들인다.

COOKING TIP

올리고당과 설탕은
마지막 단계에 넣어야

소스를 만들 때 올리고당이
나 설탕 등을 먼저 넣고 끓이
면 소스가 어우러지기도 전에
다 타기 십상이지요. 마지막
단계에 넣어야 소스에 윤기도
흐른답니다. 설탕, 올리고당
대신, 매실청 또는 과일청을
활용해 보세요. 향과 맛이 더
좋아져요.

흑미 김밥 +
나물된장 소스

간장비빔 김밥 +
두부견과마요네즈 소스

간장비빔 김밥 +
두부견과마요네즈 소스

매운맛의 간장비빔 김밥은 고소한 소스에 찍어
먹어야 맛있어요. 달걀 대신 두부와 견과류를
넣어 만든 마요네즈 소스에 곁들이면 궁합이
아주 좋지요. 재료를 몽땅 커터기에 넣고 갈면
맛있는 두부견과마요네즈가 완성됩니다.
샌드위치, 또띠아 등의 간식 소스로도 이용하기
좋아요.

참치볶음 김밥 +
청홍고추간장 소스

백미 김밥 +
고기견과고추장 소스

■■ 밥 1공기(200g), 김밥용 김 2장
■■ **간장비빔 양념** 청양고추 1개, 간장 · 물 1큰술씩,
설탕 1/2큰술, 참기름 1작은술, 다진 마늘 · 통깨
1/2작은술씩
두부견과마요네즈 소스 두부 1/2모, 믹스
견과류(호두 · 아몬드 · 캐슈너트) 1/2컵, 올리브유
2큰술, 식초 · 올리고당 올리고당 1/2큰술씩, 소금 약간

1. 청양고추는 곱게 다지고, 간장과 물, 설탕, 다진
마늘과 함께 냄비에 넣고 약한 불에서 졸인다.
2. 밥에 ❶과 참기름, 통깨를 섞어 간장비빔밥을
완성한다.
3. 김은 열십자 모양으로 4등분해 8장을 만든다.
4. 각각의 김에 ❷의 간장비빔밥을 올려 지름 2cm
크기로 만다.
5. 키친타월에 두부를 감싸 수분을 제거한다. 두부의
수분이 충분히 빠져야 소스가 싱겁지 않다.
6. 커터기에 수분을 제거한 두부와 남은 소스 재료를
한데 넣어 곱게 간다. 완성한 소스를 간장비빔 김밥과
곁들인다.

흑미 김밥 + 나물된장 소스

강된장처럼 수분이 거의 없는 나물된장 소스를 만들었어요. 꼭 냉이가 아니라도
제철나물을 넣어도 좋답니다. 봄에는 초록빛 나물을, 가을에는 달큰한 무나 연근,
우엉을 다져 넣어도 맛있는 소스가 만들어집니다.

■■ **흑미밥** 1공기(200g), 김밥용 김 2장
■■ **밥 밑간** 참기름 1작은술, 통깨 1/2작은술, 소금 1/4작은술
나물된장 소스 다진 쇠고기 3큰술(50g), 냉이 1컵(20g), 청·홍고추 1/2개씩, 된장 3큰술,
다진 양파 2큰술, 올리고당 1큰술, 다진 마늘 1/2큰술, 참기름 1/3큰술, 물 1/4컵
쇠고기 밑간 설탕·참기름·맛술 1/2작은술씩, 후춧가루 약간

1. 흑미밥에 참기름, 통깨, 소금을 넣어 밑간한다.
2. 김은 열십자 모양으로 4등분해 8장을 만들고, 흑미밥을 올려 지름 2cm 크기로 만다.
3. 다진 쇠고기는 키친타월에 올려 핏물을 제거한 뒤 밑간한다.
4. 냉이와 청·홍고추는 0.2cm × 0.2cm 썬다.
5. 냄비에 참기름을 두른 후 다진 양파를 넣어 볶다가, 밑간한 쇠고기를 넣어 볶는다.
6. ❺에 잘게 썬 냉이와 청·홍고추, 남은 나물된장 소스 재료를 넣고 중약 불에서
바글바글 끓여 완성한다. 흑미 김밥과 곁들인다.

참치볶음 김밥 +
청·홍고추간장 소스

참치통조림 1캔으로 후다닥 담백한 참치볶음밥을 만들어
김밥으로 돌돌 말아줍니다. 매콤달콤새콤한 청·홍고추간장
소스를 곁들이면 그 맛이 좋지요. 매운맛을 더 내고 싶다면
청양고추를 추가하세요.

■■ 밥 1공기(200g), 김밥용 김 2장, 참치통조림 1캔(100g),
■■ 다진 파·다진 양파 1큰술씩, 다진 마늘 1작은술, 올리브유 약간
밥 밑간 참기름 1작은술, 통깨 1/2작은술, 소금 1/4작은술
청·홍고추 소스 청·홍고추 1개씩, 대파 5cm, 물 3과1/2큰술, 식초 3큰술,
간장 1과2/3큰술, 매실청 1큰술, 설탕 2/3큰술, 맛술 1작은술

1. 밥은 밑간하고, 참치는 체에 밭쳐 기름기를 뺀다.
2. 팬에 올리브유를 약간 두른 후 다진 파, 다진 양파, 다진 마늘을 넣어
   볶다가 참치를 넣고 볶는다.
3. ②에 밑간한 밥을 넣고 볶아 참치볶음밥을 완성한다.
4. 김은 열십자 모양으로 4등분해 8장으로 만든다. 김에 참치볶음밥을
   올려 지름 2cm 크기로 만든다.
5. 청·홍고추와 대파를 곱게 다져 남은 소스 재료들과 함께 섞어 소스를
   완성한다. 참치볶음 김밥과 곁들인다.

COOKING TIP

**맵고 신맛으로
느끼한 맛 잡기**

소스의 신맛은 식초 대신 레몬
즙을 넣어도 좋아요. 튀김 종류
에 양상추를 곁들이고, 청·홍
고추 소스를 뿌리면 매콤하면
서 깔끔하지요. 맵게 먹고 싶다
면 풋고추 대신 청양고추를 다
져서 사용하세요.

소스 찍어 먹는 김밥
김밥과 소스는
각각 담기

피크닉 메뉴로 김밥만한 메뉴가 없지요. 하지만 더운 날씨에는 상하기 쉬워
여러모로 걱정이 되기도 합니다. 이럴 때 속재료 하나 없이 만드는 소스
김밥을 준비해보세요. 알록달록 컬러밥과 맛까지 더한 볶음밥을 김에 돌돌
말고, 소스를 따로 담아가면 어디서나 부담 없이 즐길 수 있어요.

김 + 밥 + 재료 1

김과 밥, 그 위에 재료 1가지만 더해도 맛있는 김밥을 만들 수
있답니다. 어묵볶음, 콩자반, 버섯볶음처럼 밥상 위에 자주 오르는
볶음과 무침도 좋은 김밥·재료가 될 수 있지요. 힘들이지 않고
반찬통 비워서 싸는 김밥을 소개합니다

모짜렐라치즈튀김 김밥

김밥을 특별하게 즐기고 싶은 날에는 튀김 김밥에 도전하세요. 흑미밥과
모짜렐라치즈의 궁합이 특별하답니다. 바삭한 빵가루와 치즈의 쫀득함이
색달라요. 진한 치즈의 맛을 내고 싶다면 체다치즈를 더해주세요.

흑미밥 1공기(200g), 김밥용 김 2장, 모짜렐라치즈 100g, 달걀 1개, 빵가루 1컵,
밀가루 1/3컵, 카놀라유 2컵(튀김용), 칠리소스 2큰술(찍어 먹는 용도)
밥 밑간 참기름 1작은술, 통깨 1/2작은술, 소금 1/4작은술

1. 흑미밥에 참기름, 통깨, 소금을 넣어 밑간한다.
2. 김은 세로 방향으로 4등분해 8장을 만들어, 밑간한 흑미밥을 고르게 편 후
모짜렐라치즈를 올려 만다.
3. 달걀을 풀어 달걀물을 만들고, ❷를 밀가루-달걀물-빵가루 순으로 튀김옷을 입힌다.
4. 카놀라유를 170℃로 달구어 ❸의 김밥을 노릇하게 튀겨 칠리소스와 곁들인다.

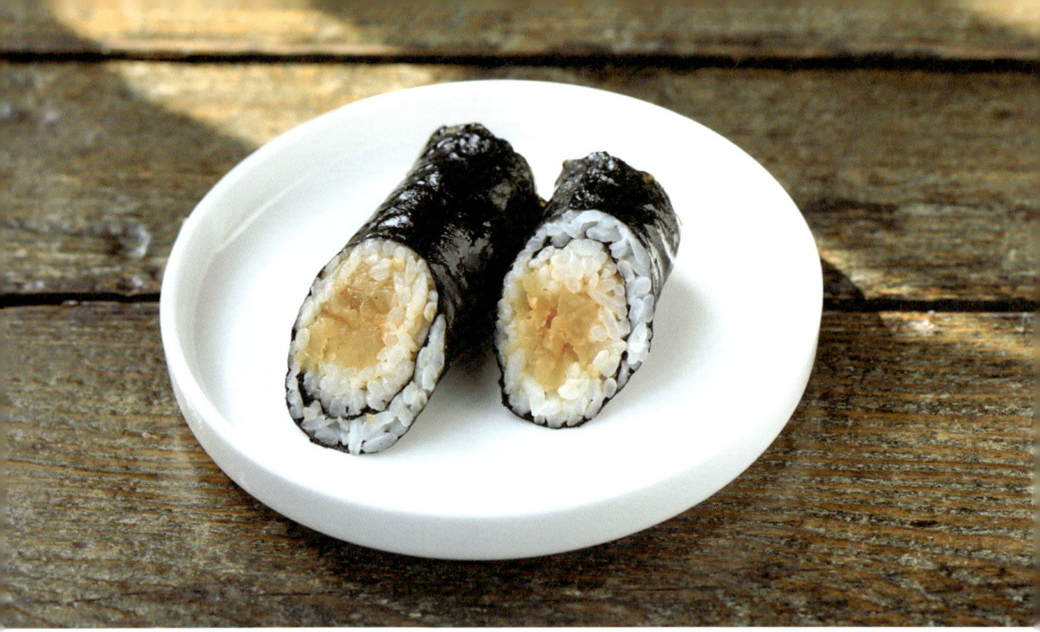

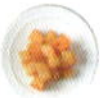

깍두기볶음김치 김밥

냉장고에 신 깍두기 또는 석박지가 있다면 잘게 다져 양념해 볶아주세요. 새콤하면서도 입맛 돋우는 깍두기볶음이 된답니다. 김밥 속재료로 말아 넣으면 별미예요. 깍두기의 신맛이 강하다면 설탕을 조금 넣어주세요.

▩ 밥 1공기(200g), 김밥용 김 2장, 깍두기 1컵, 들기름 1/2큰술
▩ 밥 밑간 참기름 1작은술, 통깨 1/2작은술, 소금 1/4작은술
깍두기볶음 양념 설탕 1작은술, 올리고당·맛술 1/2작은술씩

1. 밥은 밑간하고, 깍두기는 잘게 다진다.
2. 달군 팬에 들기름을 두른 후 깍두기, 깍두기볶음 양념을 넣어 수분이 없어질 때까지 볶는다.
3. 김은 가로 방향으로 2등분해 4장을 만든다.
4. 김발에 김을 깔고 밥을 고르게 편 후 볶은 깍두기를 올려 만다.
5. 칼에 식초물을 묻혀 먹기 좋은 크기로 썬다.

김치에서 군내가 나면 막걸리 조금 넣기

깍두기는 잘게 다져 넣을수록 밥과 잘 어우러지죠. 깍두기가 아니라도 알타리김치, 석박지 모두 김밥 속재료로 잘 어울려요. 묵은 김치라서 군내가 난다면 막걸리를 약간만 넣어 볶아주세요. 군내도 잡아주고 맛도 좋아진답니다.

불어묵 김밥

입맛 없는 날, 어묵을 맵게 달달 볶아 김밥 속에 넣어보세요. 속이 개운해지지요. 어떤 모양의 어묵이든 상관없어요. 매운맛을 원한다면 청양고추를 곱게 다져 넣고, 매운맛을 중화시키고 싶다면 크림치즈 소스를 곁들여도 좋아요.

■ 밥 1공기(200g), 김밥용 김 2장, 사각어묵 2장(100g), 올리브유 1/2큰술
밥 밑간 참기름 1작은술, 통깨 1/2작은술, 소금 1/4작은술
어묵볶음 양념 청양고춧가루 2/3큰술, 물ㆍ올리고당 1/2큰술씩, 간장ㆍ설탕ㆍ다진 마늘 1작은술씩

1. 밥은 참기름, 통깨, 소금을 넣고 섞어 밑간한다.
2. 사각어묵을 5cm 너비로 썰고, 끓는 물에 10초간 데친다.
3. 달군 팬에 올리브유를 둘러 다진 마늘을 넣어 볶다가 어묵을 넣고 볶는다. 어묵 색깔이 나기 시작하면 남은 양념을 더해 한 번 더 볶는다.
4. 김은 세로 방향으로 2등분해 4장을 만든다.
5. 김발에 김을 얹고 밥을 고르게 편 후 불어묵을 올려 돌돌 만다.
6. 칼에 식초물을 묻혀 먹기 좋은 크기로 썬다.

COOKING TIP

어묵은 끓는 물에 살짝 데쳐 사용

생선살을 잘게 다져 튀긴 어묵은 기본적으로 기름이 많지요. 사용 전에 미리 끓는 물에 살짝 데치면 기름지지 않은 깔끔한 어묵을 맛볼 수 있어요. 물을 끓여서 데치는 것이 번거롭다면 뜨거운 물로 한 번 헹궈서 넣어요.

장똑똑이 김밥

양념한 쇠고기채를 볶으면 좋은 김밥 속재료가 완성되지요. 쇠고기채 대신 잡채용 돼지고기, 닭가슴살, 닭안심을 사용해도 좋아요. 양념은 꼭 10분이라도 재웠다가 볶으세요. 그래야 고기의 속까지 간이 잘 배어 맛있는 김밥 속재료를 만들 수 있답니다.

밥 1공기(200g), 김밥용 김 2장, 쇠고기채 100g
밥 밑간 참기름 1작은술, 통깨 1/2작은술, 소금 1/4작은술
쇠고기 밑간 양파즙·설탕 1/2큰술씩
장똑똑이 양념 진간장 1큰술, 다진 파·올리고당 1/2큰술씩, 다진 마늘·참기름 1작은술씩, 후춧가루·통깨 약간씩

1. 밥은 참기름, 통깨, 소금을 넣고 섞어 밑간한다.
2. 쇠고기채는 키친타월에 올려 핏물을 제거한 후, 밑간을 해서 10분정도 재운다.
3. ❷에 진간장, 다진 파와 다진 마늘, 참기름, 후춧가루를 넣고 조물조물 무쳐 볶다가 올리고당과 통깨를 넣고 한 번 더 볶는다.
4. 김은 가로 방향으로 2등분해 4장을 만든다.
5. 김발에 김을 깔고 밥을 고르게 편 후 장똑똑이를 올려 만다.
6. 칼에 식초물을 묻혀 먹기 좋은 크기로 썬다.

COOKING TIP

고기 군내는 양파즙과 설탕으로 잡기

장똑똑이를 만들 때는 반드시 고기 핏물을 제거한 뒤에 양파 즙과 설탕으로 밑간을 해야 군 내 없이 고기 맛이 부드러워집 니다. 파인애플이나 키위는 아 주 조금만 넣어도 육질이 부드 러워집니다.

콩자반 김밥

밥상 위에 빠지지 않는 밑반찬 콩자반. 하지만 아이들 밥숟가락 위로 올라가기는 쉽지 않지요. 김밥 안에 넣으면 평소 젓가락질 자주 하지 않던 콩자반도 많이 먹게 된답니다. 생땅콩을 넣어 만들어도 새로운 콩자반을 만들 수 있어요.

밥 1공기(200g), 김밥용 김 2장, 검은콩 1컵, 물 2와1/2컵
밥 밑간 참기름 1작은술, 통깨 1/2작은술, 소금 1/4작은술
콩자반 양념 간장 3큰술, 설탕·올리고당 1과1/2큰술씩, 통깨 약간

1. 밥은 참기름, 통깨, 소금을 넣고 섞어 밑간한다.
2. 검은콩은 깨끗이 씻은 후 물 2와1/2컵을 넣고 3시간 이상 불린다.
3. 냄비에 ❷를 통째로 넣고 15분 끓이다 간장과 설탕을 넣는다. 국물이 냄비 바닥에 2~3큰술 남을 때까지 중약 불에서 20분정도 졸인다.
4. 센 불에서 ❸에 올리고당, 통깨를 넣고 졸여 콩자반을 완성한다.
5. 김은 열십자 모양으로 4등분해 8장을 만든다.
6. 김발에 김을 깔고 밥을 고르게 편 후 콩자반을 올려 만다. 칼에 식초물을 묻혀 먹기 좋은 크기로 썬다.

COOKING TIP

**올리고당은
마지막 단계에 넣어야**

콩자반을 만들 때 국물이 너무 많은 상태에서 올리고당을 넣고 졸이면 윤기가 나기 전에 타버리기 쉬워요. 냄비를 기울여서 남은 국물 양을 확인하면서 조리하세요. 윤기를 내고 싶다면 센 불에서 올리고당이나 꿀을 넣어 빨리 국물을 졸여주세요.

달걀지단채 김밥

달걀지단채 김밥

부드러운 달걀빵을 먹는 듯한 달걀지단채 김밥은 소금 간을 조금 세게 해줘야 먹었을 때 심심하지 않아요.

밥 1공기(200g), 김밥용 김 2장, 달걀 4개, 올리브유 1/2큰술
밥 밑간 참기름 1작은술, 통깨 1/2작은술, 소금 1/4작은술
달걀 밑간 맛술 1작은술, 소금 1/3작은술

1. 밥은 밑간하고, 달걀은 체에 내려 알끈을 제거한 뒤 밑간해 거품이 나지 않도록 젓는다.
2. 약하게 달군 팬에 올리브유를 둘러 키친타월로 펴 발라 달걀지단을 부친다.
3. ❷가 한김 식으면 식으면 0.2cm 두께로 채 썰어 김밥을 만다.

불고기황태채 김밥

황태채에 불고기 기본 양념을 더해도 색다른 속재료가 되지요. 김밥용 황태채는 가시가 없는 얇은 것으로 골라 불렸다가 사용하세요.

밥 1공기(200g), 김밥용 김 2장, 황태채 1과1/2컵(15g), 물 1/4컵, 들기름 1작은술
밥 밑간 참기름 1작은술, 통깨 1/2작은술, 소금 1/4작은술
황태 밑간 맛술 1/2큰술, 다진 마늘 1/2작은술, 후춧가루 약간
불고기 양념 간장 1/2큰술, 설탕 1작은술, 다진 파 · 다진 마늘 · 참기름 1/2작은술씩, 후춧가루 약간

1. 밥은 밑간하고, 황태채는 물 1/4컵을 넣어 촉촉하게 만든 후 밑간한다.
2. 달군 팬에 들기름을 두른 후 밑간한 황태채를 넣어 볶은 뒤 불고기 양념을 넣어 한 번 더 볶는다.
3. 김은 열십자 모양으로 4등분해 8장을 만들어 밑간한 밥을 고르게 편 후 불고기황태채를 올려 돌돌 만다.

불고기황태채 김밥

매콤양파볶음
김밥

양파 하나만 양념해 볶아도 맛있는 재료로 바뀝니다.
매콤양파볶음은 부재료인 양파가 주인공이 되는 요리예요.
양파는 볶을수록 그 맛이 달콤해지죠. 여기에 갈은 돼지고기를
조금 넣으면 맛이 한층 깊어집니다.

밥 1공기(200g), 김밥용 김 2장, 양파 2/3개(150g),
올리브유 1/2큰술
밥 밑간 참기름 1작은술, 통깨 1/2작은술, 소금 1/4작은술
양파볶음 양념 고춧가루 · 물 1큰술씩, 간장 1/2큰술, 고추장 · 다진
마늘 · 참기름 1/2작은술씩, 설탕 1작은술, 후춧가루 약간

1. 밥은 참기름, 통깨, 소금을 넣고 섞어 밑간한다.
2. 양파는 0.2cm 얇게 채 썰어 달군 팬에 올리브유를 두른 후 투명해질
때까지 볶는다.
3. ❷에 양파볶음 양념을 넣고 수분이 없어질 때까지 볶는다.
4. 김은 세로 방향으로 3등분해 6장을 만든다.
5. 김발에 김을 깔고 밑간한 밥을 고르게 편 후 돌돌 만다.
6. 칼에 식초물을 묻혀 먹기 좋은 크기로 썬다.

**양파는 수분이 남지 않게
볶아 사용**

양파는 수분이 모두 날아가도
록 볶아야 단맛이 더 높아집
니다. 특히 김밥 속재료용으로
사용하기 위해서는 수분이 모
두 제거해야 김밥을 싼 뒤에도
김이 찢어지지 않아요.

맛타리볶음고추장
김밥

버섯 중에서도 가격이 저렴한 맛타리버섯으로 김밥을 싸보세요.
맛타리버섯을 먼저 센 불에 볶은 뒤 매콤한 고추장 양념에
무치면 김밥 속재료로, 밑반찬으로 먹기 좋답니다. 어떤
버섯으로도 만들 수 있어요.

현미밥 1공기(200g), 김밥용 김 2장, 맛타리버섯 1팩(200g)
현미밥 밑간 참기름 1작은술, 통깨 1/2작은술, 소금 1/4작은술
맛타리버섯무침 양념 고추장 · 올리고당 1큰술씩, 고춧가루 1/2큰술,
참기름 1작은술, 간장 1/2작은술, 설탕 1/3작은술

1. 현미밥에 재료를 넣고 밑간한다.
2. 맛타리버섯은 2~3가닥씩 갈라둔다.
3. 센 불로 달군 팬에서 맛타리버섯을 물기 없이 볶아 식힌다.
4. ❸에 맛타리버섯 양념을 섞은 후 양념이 고루 배도록 무친다.
5. 김은 열십자 모양으로 4등분해 8장을 준비한다.
6. 김발에 김을 깔아 밑간한 밥을 고르게 편 후 양념에 무친
   맛타리버섯볶음을 올려 만다.
7. 칼에 식초물을 묻혀 먹기 좋은 크기로 썬다.

COOKING TIP

**맛타리버섯은 오래
볶을수록 쫄깃해져**

버섯을 볶을 때는 물에 씻지
않고 젖은 키친타월로 닦아 볶
아야 맛있는 버섯요리를 만들
수 있답니다. 스펀지처럼 물과
기름을 잘 흡수하는 버섯의 성
질 때문이지요. 물기 없이 볶아
야 고기와 같은 식감이 납니다.

된장오이고추 김밥

아삭한 식감의 오이 안에 된장 양념을 넣어 속재료로 이용해보세요. 김밥을
잘랐을 때 단면도 예쁘고 밥에 양념이 묻지 않아 깔끔하게 즐길 수 있답니다.
보라색의 가지고추, 당초고추 등으로도 특별한 김밥 속재료를 만들 수 있어요.

 ▶  ▶  ▶

 ▶  ▶

밥 2공기(400g), 김밥용 김 2장, 오이고추 4개, 통깨 1컵
밥 밑간 참기름 2작은술, 통깨 1작은술, 소금 1/2작은술
된장 양념장 으깬 두부 · 된장 1과1/2큰술씩, 올리고당 · 통깨 2/3큰술씩,
고춧가루 · 다진 파 1과1/2작은술씩, 참기름 1작은술, 다진 마늘 2/3작은술

1. 밥은 참기름, 통깨, 소금을 넣고 섞어 밑간한다.
2. 오이고추는 한쪽 면만 칼로 갈라 고추씨를 뺀다.
3. 볼에 된장 양념장 재료를 넣고 섞은 뒤 짤 주머니 안에 넣는다. 짤 주머니를 이용해
씨를 발라낸 오이고추 속에 된장 양념장을 채운다.
4. 김발에 랩과 김 1장을 깔고 밥을 고르게 편 후 김이 안으로 오도록 뒤집는다.
5. ❺에 된장 양념 넣은 오이고추를 넣어 돌돌 만다.
6. 랩을 벗긴 후 김밥 전체에 통깨를 묻히고, 다시 랩으로 감싼다. 칼에 식초물을 묻혀
먹기 좋은 크기로 썬다.

김 + 밥 + 재료 2

햄, 단무지, 시금치나물⋯ 김밥에 꼭 들어가야 할 재료가 없다?
문제없습니다. 며칠 째 식탁에 오른 진미채무침이나 콩나물무침,
장조림 같은 밑반찬에 약간의 채소만 있다면 언제 먹어도 맛난
김밥을 만들 수 있지요. 오징어젓, 명란젓도 좋은 김밥 재료입니다.

오이참치 김초밥

풍기파마산 김밥

풍기파마산 김밥

버섯과 파마산치즈만 있다면 색다른 김밥을
만들 수 있어요. 파마산치즈를 만난 버섯의
풍미가 기가 막히지요. 팬에 다진 마늘을 넣고
볶다가 버섯을 볶아주면 더 맛있습니다. 김밥을
썰고 난 후 파마산치즈를 듬뿍 뿌려서 즐기세요.

잡곡밥 2공기(400g), 김밥용 김 2장,
여러 종류의 버섯 1팩(200g),
파마산치즈 3큰술, 올리브유 1/2큰술,
다진 마늘 1작은술, 소금 · 후춧가루 약간씩
잡곡밥 밑간 참기름 2작은술, 통깨 1작은술, 소금
1/2작은술

1. 잡곡밥에 재료를 넣고 밑간한다.
2. 버섯은 먹기 좋은 크기로 찢어서 준비한다. 달군
   팬에 올리브유를 두르고, 다진 마늘을 넣어 살짝
   볶는다.
3. ❷에 버섯을 넣고 소금과 후춧가루로 간하여
   수분이 없을 때까지 볶아 한김 식힌다.
4. 볼에 볶은 버섯을 넣고, 파마산치즈를 넣어
   버무린다.
5. 김발에 랩을 깐 후 김 1장을 올리고 김이 보이지
   않게 밥을 고르게 편다.
6. ❺의 김 부분이 안으로 오게끔 뒤집은 뒤
   파마산치즈로 버무린 버섯을 올려 만다.
7. ❻을 랩으로 감싼 후 김발로 한 번 더 모양을 잡고,
   칼에 식초물을 묻혀 먹기 좋은 크기로 썬다.
8. 김밥 랩을 벗긴 후 파마산치즈를 뿌린다.

대패삼겹살콩나물 김밥

명란마요네즈
김밥

대패삼겹살 콩나물 김밥

누구나 좋아하는 삼겹살, 이젠 김밥으로 즐겨볼까요? 얇게 썰은 대패삼겹살을 이용해 김밥을 만들었어요. 냉장고에 도톰한 삼겹살이 있다면 그대로 구워 넣어도 좋습니다. 삼겹살과 국민반찬 콩나물무침이 일품 김밥을 만들어줍니다.

밥 1공기(200g), 김밥용 김 2장, 대패삼겹살 100g, 콩나물 2줌(100g), 쌈장 1/2큰술, 소금 1/2작은술, 물 5컵
밥 밑간 참기름 1작은술, 통깨 1/2작은술, 소금 1/4작은술
콩나물무침 양념 고춧가루 · 통깨 1작은술씩, 액젓 · 설탕 · 참기름 1/2작은술씩, 소금 1/3작은술

1. 밥은 밑간하고, 콩나물은 냄비에 물 5컵과 소금 1/2작은술을 넣어 파르르 끓으면 넣고 뚜껑을 연 채로 삶는다.
2. 삶은 콩나물은 찬물에 헹구어 체에 밭쳐 물기를 뺀다.
3. 김은 세로 방향으로 2등분해 4장을 만든다.
4. 삶은 콩나물에 양념을 넣어 무치고, 대패삼겹살은 구워서 준비한다.
5. 김발에 김을 깔고 밑간한 밥을 편 후 쌈장을 살짝 바르고 구운 대패삼겹살과 콩나물무침을 올려 만다.
6. 칼에 식초물을 묻혀 먹기 좋은 크기로 썬다.

COOKING TIP

콩나물은 뚜껑을 열거나 닫고 삶아야

콩나물을 삶을 때는 처음부터 냄비 뚜껑을 닫고 삶을지 열고 삶을지를 결정해야 해요. 중간에 맘이 바뀌면 콩비린내가 날 수 있습니다. 남은 콩나물은 검정봉투에 넣어 보관해야 콩나물 머리 색이 변하지 않아요.

명란마요네즈 김밥

입안에서 톡톡 씹히는 명란젓에 마요네즈와 와사비를 섞으면 김밥에 잘 어울리는 속재료가 되지요. 쪽파를 곁들이면 명란젓의 비린 맛도 사라지고 맛도 더 좋아집니다. 쪽파가 없다면 오이나 부추를 넣어주세요.

▌▌▌ 녹차밥 1공기(200g), 김밥용 김 2장, 명란젓 1개, 쪽파 3줄기
녹차밥 밑간 참기름 1작은술, 통깨 1/2작은술, 소금 1/4작은술
명란젓 양념 마요네즈 2큰술, 와사비 1/4작은술

1. 녹차밥에 참기름, 통깨, 소금을 넣어 밑간한다.
2. 명란젓은 껍질을 제거한 후 마요네즈와 와사비를 넣고 버무린다.
3. 쪽파는 5cm 길이로 잘라 준비한다.
4. 김은 세로 방향으로 3등분해 6장을 만든다.
5. 김발에 김을 깔고 밑간한 밥을 고르게 편 후 쪽파와 양념한 명란젓을 올려 만든다.
6. 칼에 식초물을 묻혀 먹기 좋은 크기로 썬다.

COOKING TIP

명란젓은 껍질 제거 후 사용

명란젓의 껍질은 깔끔하게 제거하고 사용해야 깔끔한 요리가 만들어져요. 손질한 명란젓에서 비린 맛이 난다면 청주 1/2작은술을 넣어주세요. 명란젓을 통으로 구워서 김밥 안에 넣어도 맛있는 명란 김밥을 만들 수 있지요.

오이참치 김초밥

보다 특별한 누드롤을 만들고 싶은 날에는 오이참치 김초밥에 도전하세요.
참치통조림과 오이만 있다면 누구나 손쉽게 만들 수 있답니다. 아삭한 오이의
맛과 향이 싱그럽지요. 오이는 아주 얇게 썰어야 밥에 밀착이 잘 되어
예쁜 누드 롤이 만들어진답니다.

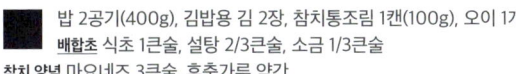 밥 2공기(400g), 김밥용 김 2장, 참치통조림 1캔(100g), 오이 1개
배합초 식초 1큰술, 설탕 2/3큰술, 소금 1/3큰술
참치 양념 마요네즈 3큰술, 후춧가루 약간

1. 냄비에 배합초 재료를 넣고 설탕, 소금이 녹을 정도로 살짝 끓인 후 밥이 뜨거울 때 넣어
주걱으로 가르듯이 섞는다.
2. 참치는 체에 밭쳐 최대한 기름을 빼고 참치 양념에 버무린다.
3. 오이는 감자칼을 이용해 얇게 슬라이스한다.
4. 김발에 랩을 깔고 김 1장을 올리고 김이 보이지 않게 ❶의 밥을 고르게 폈다가
김이 안으로 오게끔 뒤집는다.
5. ❹ 위에 양념에 버무린 참치를 올리고 돌돌 만다.
6. 랩을 벗기고 밥 위에 오이를 올린 후 랩으로 말아 모양을 잡고, 김발에서 다시 한 번 만다.
칼에 식초물을 묻혀 먹기 좋은 크기로 썬다.

베이컨달걀
버무리 김밥

샌드위치 속재료로 자주 이용하는 달걀마요네즈 샐러드. 이제 식빵 대신 밥 위에 올려주세요. 삶은 달걀과 마요네즈, 살짝 구운 베이컨을 버무리면 아이들이 좋아하는 김밥이 되지요.

■ 밥 1공기(200g), 김밥용 김 2장, 베이컨 2장, 달걀 3개
밥 밑간 카레가루 1과1/2작은술, 참기름 1작은술, 통깨 1/2작은술, 소금 1/5작은술
달걀버무리 양념 마요네즈 3큰술, 후춧가루 약간
달걀 삶는 물 물 1컵, 식초 1/2작은술, 소금 약간

1. 밥은 카레가루와 참기름, 통깨, 소금을 넣고 섞어 밑간한다.
2. 냄비에 달걀과 달걀 삶는 물을 달걀이 잠길 정도로 붓는다. 달걀이 삶아지면 껍질을 벗긴다.
3. 삶은 달걀은 곱게 다진 후 달걀버무리 양념을 넣어 섞고, 베이컨은 굽는다.
4. 김발에 김 1장을 깔고 밑간한 밥을 고루 편 뒤 구운 베이컨과 달걀버무리를 올려 만다.
5. 칼에 식초물을 묻혀 먹기 좋은 크기로 썬다.

COOKING TIP

**달걀은 실온에 두었다가
식초물에 삶기**

달걀을 삶을 때는 식초를 같이 넣어주세요. 식초가 단백질 응고제 역할을 해 삶을 때 달걀이 깨지는 것을 방지해준답니다. 달걀은 실온에 두었다가 삶아야 온도 차이로 인해 깨지는 걸 방지해요.

당근초절임고기 김밥

요리에 색감내기 좋은 당근을 주재료로 만든 김밥입니다.
감자칼로 얇게 썬 당근을 초절임 양념에 무치고 다진 돼지고기를
볶아 넣으면 영양도 맛도 좋지요.

■■ 밥 1공기(200g), 김밥용 김 2장, 다진 돼지고기 100g,
■■ 당근 1/3개(50g)
밥 밑간 참기름 1작은술, 통깨 1/2작은술, 소금 1/4작은술
당근초절임 양념 식초 2/3큰술, 올리고당 1/2큰술, 매실청·통깨 1작은술씩,
소금 1/3작은술
다진 돼지고기 양념 다진 양파 1큰술, 다진 마늘·설탕 1작은술씩,
간장 1/2작은술, 소금 1/4작은술

1. 밥은 밑간하고 다진 돼지고기는 양념에 재운다. 당근은 감자칼로
   껍질을 벗기듯이 얇게 썬다.
2. 얇게 썬 당근에 초절임 양념을 넣어 버무린다.
3. 재워둔 돼지고기를 달군 팬에 넣어 볶는다.
4. 김은 열십자 모양으로 4등분해 8장을 만든다.
5. 김발에 김을 깔고 밑간한 밥을 고르게 편 후 볶은 돼지고기와
   당근초절임을 올려 만다.
6. 칼에 식초물을 묻혀 김밥을 먹기 좋은 크기로 썬다.

COOKING TIP

초절임용 당근은
얇게 썰어야

초절임용 당근은 감자칼로 껍질을 벗기듯이 썰어서 사용하세요. 두께가 얇아져 간은 더 잘 배고, 금세 맛이 들어요. 냉면용 무 초절임을 만들 때도 감자칼을 이용하면 간단하게 만들 수 있어요.

참치약고추장 김밥

간단하게 참치와 약고추장을 넣어 김밥을 만들어보세요. 간단하지만 자꾸 손이 가는 참치약고추장 김밥이랍니다. 약고추장 대신 고추장에 올리고당이나 꿀, 다진 견과류, 참기름 정도만 섞어도 맛있어요.

밥 1공기(200g), 김밥용 김 2장, 참치통조림 1캔(100g), 깻잎 4장, 약고추장 4큰술
밥 밑간 참기름 1작은술, 통깨 1/2작은술, 소금 1/4작은술
약고추장(10큰술 분량) 고추장 4큰술, 다진 쇠고기 3큰술(50g), 다진 양파 2큰술, 올리고당 1과1/2큰술, 참기름·설탕 1/2큰술씩, 다시마 우린 물 또는 물 1/2컵
쇠고기 밑간 다진 파 1작은술, 다진 마늘·설탕·맛술 1/2작은술씩, 후춧가루 약간

1. 밥은 밑간하고, 김은 세로 방향으로 2등분해 4장을 만든다.
2. 참치는 체에 받쳐 기름을 빼고, 깻잎은 깨끗이 씻어 물기를 제거한다.
3. 다진 쇠고기를 키친타월에 올려 핏물을 제거한 뒤 밑간한다.
4. 달군 팬에 올리브유를 넣고 다진 양파를 볶다가 다진 쇠고기, 남은 양념을 넣고 볶아 약고추장을 완성한다.
5. 완성한 약고추장은 짤 주머니에 넣어 준비한다.
6. 김발에 김을 깔고 밑간한 밥을 고르게 편 후 깻잎, 약고추장, 참치를 올려 말고, 칼에 식초물을 묻혀 먹기 좋은 크기로 썬다.

소스는 짤 주머니에 넣어 사용

약고추장은 한번 만들어두면 두고두고 요리에 사용하기 좋아요. 약고추장을 1/2컵씩 짤 주머니나 위생백에 넣어 보관 해두면 도시락을 싸거나 소풍을 갈 때도 손쉽게 가져갈 수 있답니다.

메추리알장조림 김밥

밑반찬으로 자주 밥상에 오르는 메추리알장조림을 김밥 안에 넣고 자르면 동글동글 예쁜 단면의 김밥이 나온답니다. 오이지에 고춧가루, 다진 마늘, 참기름만 넣어 조물조물 무쳐 넣어주세요.

밥 1공기(200g), 김밥용 김 2장, 메추리알 20개, 오이지 1/2개, 양파 1/4개, 마늘 4쪽, 대파 10cm, 다시마 5cm×5cm 2장, 소금·식초 1작은술씩
밥 밑간 참기름 1작은술, 통깨 1/2작은술, 소금 1/4작은술
메추리알장조림 양념 간장 3큰술, 설탕 2큰술, 맛술 1큰술, 물 1과1/2컵

1. 밥은 밑간하고, 메추리알은 냄비에 소금, 식초와 함께 넣고 삶아 껍질을 벗긴다.
2. 오이지는 0.2cm 두께로 썰고, 마늘은 칼등으로 으깨서 준비한다. 대파는 2cm 길이로 자른다.
3. 냄비에 메추리알장조림 양념과 대파, 마늘, 다시마를 넣고 끓인다.
4. 한소끔 끓으면 다시마는 건지고 삶은 메추리알을 넣어 색이 날 때까지 조린다.
5. 김은 가로 방향으로 2등분해 4장을 만든다.
6. 김발에 김을 깔고 밥을 고르게 편 후 오이지와 메추리알장조림을 올려 만다. 칼에 식초물을 묻혀 먹기 좋은 크기로 썬다.

COOKING TIP

다시마는 쓴맛이 나기 전에 건져야

육수를 끓일 때 다시마는 오래 끓이면 쓴맛이 나서 오히려 요리의 맛을 방해하기 쉽답니다. 한소끔 끓으면 꼭 건지세요. 장조림의 색깔을 더 진하게 내고 싶다면, 흰 설탕 대신 흑설탕, 갈색 물엿을 사용하세요.

깻잎진미채 김밥

오징어젓 김밥

오징어젓 김밥

오징어젓에 청양고추, 파, 참기름만 더해도
맛이 좋아지죠. 김 위에 밥을 올리고 양념한
오징어젓과 오이채를 올려 말면 아삭하고
깔끔한 맛의 김밥을 맛볼 수 있습니다. 더운
여름날, 입맛 없는 날 간단하게 한 끼 해결하기
좋은 메뉴예요. 오이 대신 당근, 쪽파를 넣어도
좋아요.

밥 1공기(200g), 김밥용 김 2장, 오이 1/3개,
오징어젓 3큰술
밥 밑간 참기름 1작은술, 통깨 1/2작은술, 소금 1/4작은술
오징어젓 양념 다진 청양고추 1/2큰술, 참기름 1작은술,
다진 파 · 통깨 1/2작은술씩

1. 밥은 참기름, 통깨, 소금을 넣고 섞어 밑간한다.
2. 오이는 0.5cm 채 썰고, 오징어젓은 굵게 다진다.
3. 볼에 오징어젓을 넣고 양념과 버무린다.
4. 김은 세로 방향으로 3등분해 6장을 만든다.
5. 김발에 김을 깔고, 김 위에 밥을 고르게 편 후
양념한 오징어젓과 오이채를 올려 만다.
6. 칼에 식초물을 묻혀 먹기 좋은 크기로 썬다.

깻잎진미채 김밥

먹다 남은 진미채가 있을 때는 진미채를 굵게 다지고 참기름을
더해 버무려보세요. 김과 밥, 깻잎을 깔고 그 위에 올리면
깻잎진미채 김밥이 됩니다. 입안에서 퍼지는 깻잎향이 다진
진미채와 잘 어울려요.

밥 1공기(200g), 김밥용 김 2장, 깻잎 4장, 진미채 1과1/4컵(50g),
올리브유 1/2큰술
밥 밑간 참기름 1작은술, 통깨 1/2작은술, 소금 1/4작은술
진미채볶음 양념 고추장 · 올리고당 1큰술씩, 고춧가루 · 간장 · 참기름
1작은술씩, 다진 마늘 1/2작은술, 통깨 약간

1. 밥은 밑간하고, 깻잎은 깨끗이 씻어둔다.
2. 진미채는 적당히 잘라 뜨거운 물에 5분정도 담갔다가 체에 밭친다.
3. 달군 팬에 올리브유를 두르고 참기름과 통깨를 제외한 진미채볶음
양념을 섞어 넣는다.
4. 팬의 주위에 방울방울 기포가 올라오면 약한 불에서 살짝 조리다
불을 끄고 진미채, 참기름, 통깨를 넣고 섞는다.
5. 김은 세로 방향으로 2등분해 4장을 만든다.
6. 김발에 김을 깔고, 밥을 고르게 편 후 깻잎, 진미채 볶음을 올려 만든다.
7. 칼에 식초물을 묻혀 먹기 좋은 크기로 썬다.

COOKING TIP

**진미채는 뜨거운 물에
담가 잡내 제거**

뜨거운 물에 진미채를 담가두
면 식감이 부드러워지고 특유
의 냄새까지 제거할 수 있어
요. 김 오른 찜기에서 5분간 쪄
서 사용하면 한결 부드럽습니
다. 진미채에서 유난히 냄새가
난다면 청주와 다진 마늘을 넣
어 밑간해주세요.

1~2가지 재료의 김밥
크기별로 세팅
달리 하기

같은 속재료를 넣더라도 사용하는 김의 양과 밥 양에 따라
김밥의 크기를 달리할 수 있습니다. 제각각 크기의 김밥을 준비해보세요.
꼬마 김밥은 통째로, 미니 김밥은 꼬투리가 위로 오게, 일반 김밥은
단면이 보이게 넣어야 예쁩니다.

김 + 밥 + 재료 3

이제 본격적인 김밥을 준비해볼까요?
딱 재료 3가지 넣고 말았을 뿐인데, 비주얼부터 확연히 다르지요.
간단하지만 식탁에 힘주고 싶을 때 내놓기 좋은 메뉴입니다.

- 매운고추멸치 롤
- 치킨데리야끼 김밥
- 불닭치즈 김밥
- 훈제오리무쌈 김밥
- 두부소보로 김밥
- 베이컨마늘 김밥
- 소시지모짜렐라 김밥
- 매운제육쌈 김밥
- 스팸달걀 김밥
- 깔라마리프리티 김밥

불닭치즈 김밥

매운고추멸치 롤

훈제오리무쌈 김밥

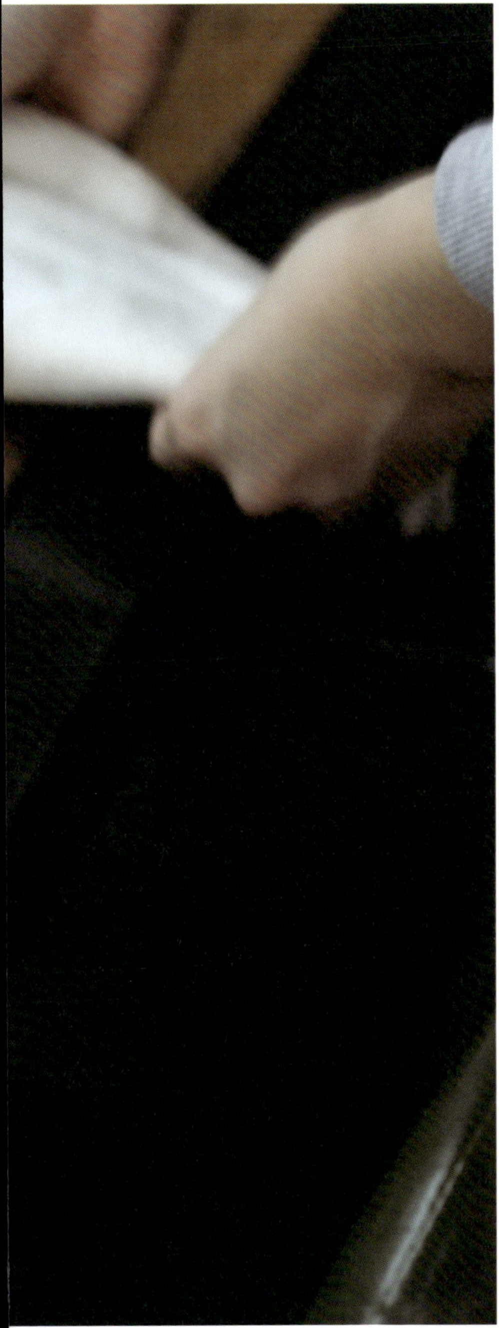

매운고추멸치 롤

잔멸치볶음은 여러모로 쓰임새 많은
밑반찬이지요. 주먹밥에, 김밥에 두루두루
사용하기 좋답니다. 바삭한 멸치볶음을 만들기
위해서는 먼저 멸치를 마른 팬에 볶아 수분을
날리고, 따로 끓여둔 양념에 넣고 볶아야 해요.
멸치볶음에 다진 청양고추를 더해 김밥을 싸면
고소하면서도 칼칼하답니다.

밥 2공기(400g), 김밥용 김 2장,
잔멸치 1컵(40g), 견과류 2/3컵, 청양고추 2개
밥 밑간 참기름 2작은술, 통깨 1작은술, 소금 1/2작은술
멸치볶음 양념 올리브유 1큰술, 설탕 2/3큰술,
간장 1과1/2작은술, 맛술·참기름 1작은술씩

1. 밥은 밑간하고, 잔멸치는 마른 팬에서 바싹 볶아
체에 밭쳐 불순물을 제거한다. 청양고추는 다진다.
2. 팬에 견과류를 넣어 고소한 냄새가 날 때까지
볶은 후 1/3컵은 굵게 다지고, 1/3컵은 곱게 다져서
준비한다.
3. 팬에 멸치볶음 양념 재료를 넣고 중간 불에서
끓이다 윤기가 나면 바싹 볶은 멸치를 넣고 볶다 굵게
다진 견과류 1/3컵을 넣어 버무린다.
4. 김발에 랩을 깐 후 김 1장을 올리고 김이 보이지
않게 밥을 고르게 편 뒤, 김 부분이 안으로 오게끔
뒤집는다.
5. ❹에 멸치볶음과 다진 청양고추를 올려 만다.
6. 랩을 벗겨 겉면에 곱게 다진 견과류를 뿌리고 다시
랩을 싸서 모양을 잡고, 김발로 한 번 더 만다.
7. 랩을 씌운 상태로 칼에 식초물을 묻혀 먹기 좋은
크기로 썬다.

치킨데리야끼 김밥

냄비에 데리야끼 소스 재료를 넣고 끓이다가 구운 닭을 넣어 조리면, 짭조름하면서도 달콤한 치킨데리야끼를 만들 수 있어요. 조린 닭가슴살을 굵게 다져 밥 위에 올리고 데리야끼 소스를 뿌려주면, 근사한 덮밥으로도 변신할 수 있어요.

밥 1공기(200g), 김밥용 김 2장, 닭가슴살 1쪽(100g),
파프리카·오이 1/2개씩
밥 밑간 참기름 1작은술, 통깨 1/2작은술, 소금 1/4작은술
닭가슴살 밑간 맛술 1작은술, 다진 마늘 1/2작은술, 후춧가루 약간
데리야끼 소스 양파 1/4개, 마늘 3쪽, 대파 10cm, 다시마 5cm×5cm 1장,
간장·설탕 1과1/2큰술씩, 맛술 1큰술, 물 1컵

1. 밥과 닭가슴살을 각각 밑간한다. 파프리카와 오이는 채 썬다.
2. 양파는 채 썰고, 마늘을 칼등으로 으깨고, 대파는 2cm 길이로 자른다.
   냄비에 남은 소스 재료를 넣고 끓여 데리야끼 소스를 완성한다.
3. 달군 팬에 밑간한 닭가슴살을 굽다가 데리야끼 소스를 넣어 1큰술
   정도 남을 때까지 조린다.
4. 김은 가로 방향으로 2등분해 4장을 만든다.
5. 김발에 김을 깔고 밑간한 밥을 고르게 편 후 파프리카채, 오이채,
   치킨데리야끼를 올려 만다.
6. 칼에 식초물을 묻혀 먹기 좋은 크기로 썬다.

COOKING TIP

**닭가슴살은 먼저 구웠다가
양념에 조려**

데리야끼 소스가 닭고기에 잘
배기 위해서는 먼저 닭가슴살
을 구운 뒤 소스에 조려야 해
요. 마지막에는 센 불로 조려
야 윤기가 나는 치킨데리야끼
를 만들 수 있어요. 매콤한 맛
을 더하고 싶다면 청양고추나
베트남 건고추를 넣어 주세요.

불닭치즈 김밥

요즘 매운 불닭이 인기죠! 불닭은 김밥 속재료로도 안성맞춤입니다.
스트레스 받은 날, 입안까지 얼얼한 불닭치즈 김밥에 도전하세요. 함께
속재료로 넣은 치즈가 끝맛을 중화시켜줍니다.

▋▋ 밥 1공기(200g), 김밥용 김 2장, 닭안심 100g, 새싹채소 10g,
체다치즈 2장, 올리브유 1큰술
밥 밑간 참기름 1작은술, 통깨 1/2작은술, 소금 1/4작은술
불닭 양념 청양고춧가루·다진 양파 1큰술씩, 고추장·맛술 2/3큰술씩,
다진 마늘·다진 청양고추 설탕 1/2큰술씩, 간장 1작은술

1. 밥은 참기름, 통깨, 소금을 넣고 섞어 밑간한다.
2. 불닭 양념 재료를 한데 섞은 뒤 닭안심을 넣고 버무려 재우고,
새싹채소는 깨끗이 씻어 체에 밭친다.
3. 달군 팬에 올리브유를 두른 후 양념한 닭안심을 넣어 볶는다.
4. 김은 세로 방향으로 2등분해 4장을 만든다.
5. 김발에 김을 깔고 밑간한 밥을 고르게 편 후 체다치즈와 새싹채소,
불닭을 올려 돌돌 만다.
6. 칼에 식초물을 묻혀 먹기 좋은 크기로 썬다.

COOKING TIP

**닭안심은 설탕에
먼저 재워야 부드러워**

닭안심에 불닭 양념을 할 때
설탕에 먼저 재우면 육질이 보
다 부드러워져요. 이후 나머지
양념을 더해 재워야 부드럽게
간이 배지요. 닭안심 대신 닭
다리 정육 또는 닭가슴살을 이
용해도 좋아요.

훈제오리무쌈 김밥

김밥 안에 무쌈과 머스터드소스, 훈제오리를 넣어보세요.
먹다 남은 훈제오리도 알뜰하게 활용할 수 있어요. 여기에 부추 또는 볶음김치를
곁들이면 훈제오리무쌈 김밥을 더 맛있게 즐길 수 있답니다.

■ 밥 1공기(200g), 김밥용 김 2장, 훈제오리 100g, 양파 1/2개, 쌈무 4장,
머스터드소스 3큰술
밥 밑간 참기름 1작은술, 통깨 1/2작은술, 소금 1/4작은술

1. 밥은 참기름, 통깨, 소금을 넣고 섞어 밑간한다.
2. 김은 세로 방향으로 2등분해 4장을 만든다.
3. 양파는 얇게 채 썰어 찬물에 담근 후 체에 밭쳐 물기를 뺀다.
4. 팬에 훈제오리를 굽는다. 오리고기는 김밥을 말기 직전에 구워야 맛나다.
5. 김발에 김을 깔고 밑간한 밥을 고르게 편 후 머스터드소스, 쌈무, 양파채,
구운 훈제오리, 다시 한 번 머스터드소스 순으로 올려 만다.

두부소보로 김밥

으깬 두부에 양념해 볶으면 근사한 김밥 속재료가 되지요. 두부를 오래 볶아 수분을 날리면 씹는 식감이 좋답니다. 두부소보로 양념에 고춧가루 1작은술을 더하면 칼칼하게 즐길 수 있어요.

■ 밥 1공기(200g), 김밥용 김 2장, 두부 1/2모, 당근 1/4개, 시금치 6줄기, 올리브유 · 소금 약간씩
밥 밑간 참기름 1작은술, 통깨 1/2작은술, 소금 1/4작은술
두부소보로 양념 간장 1과1/3큰술, 설탕 1/2큰술, 참기름 1작은술
시금치무침 양념 참기름 · 소금 약간씩

1. 밥은 밑간하고 당근은 얇게 채 썬다. 시금치는 끓는 물에 데쳐 체에 받쳐 물기를 뺀다.
2. 달군 팬에 올리브유를 약간 둘러 당근채에 소금 간해 살짝 볶는다. 시금치는 양념에 무친다.
3. 두부는 물기를 뺀 후 마른 팬에 넣어 수분을 날릴 때까지 볶아 두부소보로 양념을 넣어 한 번 더 볶는다.
4. 김발에 김 1장을 깔고 밑간한 밥을 고르게 편 후 볶은 당근, 양념한 시금치, 두부소보로 순으로 올려 만다.
5. 칼에 식초물을 묻혀 먹기 좋은 크기로 썬다.

COOKING TIP

두부는 수분이 없어질 때까지 볶아야

두부는 수분이 없어질 때까지 볶아줘야 양념과 잘 어우러져요. 두부를 얼렸다 녹인 것을 사용하면 식감이 유부와 비슷해집니다. 많은 양의 두부를 구입했다면, 얼렸다가 요리할 때 사용해보세요.

베이컨마늘 김밥

베이컨에 구운 마늘과 묵은지를 곁들여 김밥을 만들어보세요.
느끼함이 싹 사라져요. 바쁜 아침에 후다닥 만들어 먹기 좋답니다.
묵은지의 깔끔함이 입맛 당기는 김밥이에요.

밥 1공기(200g), 김밥용 김 2장, 베이컨 4장, 묵은지 2장,
마늘 6쪽, 올리브유 1큰술
밥 밑간 참기름 1작은술, 통깨 1/2작은술, 소금 1/4작은술

1. 밥은 참기름, 통깨, 소금을 넣고 섞어 밑간한다.
2. 마늘은 0.3cm 편 썬 후 달군 팬에 올리브유를 두르고, 노릇하게
   굽는다.
3. ❷의 팬에 베이컨을 구워 준비하고, 묵은지는 물에 씻어 먹기 좋은
   크기로 자른다.
4. 김은 세로 방향으로 2등분해 4장을 만든다.
5. 김발에 김을 깔고 밑간한 밥을 고르게 편 후 구운 베이컨, 묵은지,
   구운 마늘을 올려 만다.
6. 칼에 식초물을 묻혀 먹기 좋은 크기로 썬다.

COOKING TIP

마늘은 갈색빛이
날 때까지 구워야

마늘은 겉이 연한 갈색빛이 날
정도로 노릇하게 구워야 매운
맛이 없어져요. 마늘을 편 썰
기 힘들다면 칼등으로 으깬 후
구워주세요. 마늘 대신 양파
또는 대파를 노릇하게 구워 넣
어도 좋아요.

소시지모짜렐라 김밥

매운제육상추 김밥

소시지모짜렐라 김밥

큰 소시지와 모짜렐라치즈를 올려 김밥을 말아
달걀옷을 입혀주세요. 달걀지단으로 김밥을 감싸
속에 넣었던 모짜렐라치즈가 밥에 스며들어
맛나지요. 온식구가 좋아할 만한 메뉴입니다.

■ 밥 1공기(200g), 김밥용 김 2장, 소시지·달걀
　 3개씩, 모짜렐라치즈 1컵, 올리브유 약간
밥 밑간 참기름 1작은술, 통깨 1/2작은술, 소금 1/4작은술
달걀 밑간 맛술 1작은술, 소금 1/5작은술

1. 밥은 참기름, 통깨, 소금을 넣고 섞어 밑간한다.
2. 소시지는 칼집을 내어 달군 팬에 굽는다.
3. 김발에 김 1장을 깔고 밑간한 밥을 고르게 편 후
   모짜렐라치즈, 구운 소시지를 올려만다.
4. 달걀은 체에 내려 알끈을 제거하고 밑간해 거품이
   나지 않도록 젓는다.
5. 약하게 달군 팬에 올리브유를 둘러 키친타월로 펴
   바른 후 달걀물을 붓고 익기 시작하면 가장자리를
   이쑤시개로 떼어낸다.
6. ❺에 김밥을 올려 달걀옷을 입히듯 돌돌 말아 칼에
   식초물을 묻혀 먹기 좋은 크기로 썬다.

깔라마리프리티 김밥

매운제육쌈 김밥

제육볶음은 그냥 먹어도 맛있지만, 나들이 갈 때 챙겨가기는 번거롭죠.
그럴 때는 제육볶음과 상추, 미나리를 넣어 김밥을 돌돌 말아요.
더 매콤하길 원한다면 고추장아찌를 더하세요.

밥 1공기(200g), 김밥용 김 2장, 돼지고기 뒷다리살 150g,
상추 4장, 미나리 1/5단, 올리브유 약간
밥 밑간 참기름 1작은술, 통깨 1/2작은술, 소금 1/4작은술
제육 양념 다진 청양고추 1과1/2큰술, 다진 파 · 고추장 1큰술씩,
올리고당 2/3큰술, 다진 마늘 · 고춧가루 · 맛술 1/2큰술씩, 간장 · 설탕
1작은술씩

1. 밥은 참기름, 통깨, 소금을 넣고 섞어 밑간하고, 상추와 미나리를
   깨끗이 씻는다. 미나리는 5cm로 썬다.
2. 돼지고기는 5cm 길이로 썰어 제육 양념에 버무린 후 재운다.
3. 팬에 약간의 올리브유를 두른 후 양념한 제육을 볶는다.
4. 김은 가로 방향으로 2등분해 4장을 만든다.
5. 김발에 김을 깔고 밑간한 밥을 고르게 편 후 상추, 미나리, 제육볶음
   순으로 올려 만다.
6. 칼에 식초물을 묻혀 먹기 좋은 크기로 썬다.

COOKING TIP

제육은 미리
양념에 재워야

맛있는 제육볶음을 하기 위해
서는 제육 양념에 고기를 재워
두어야 합니다. 구울 때는 팬
에 올리브유를 두르고 마늘을
편 썰어 볶은 뒤 제육볶음을
넣으면 마늘향이 더해져 더 맛
있답니다.

스팸달걀 김밥

어른, 아이 모두가 좋아하는 김밥이지요. 스팸은 끓은 물에 데치면 기름기도 빠지고, 짠맛도 빠져서 담백한 김밥을 만들 수 있답니다. 도톰한 지단을 만들 시간이 없다면 달걀 프라이로 대체해주세요.

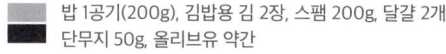 밥 1공기(200g), 김밥용 김 2장, 스팸 200g, 달걀 2개, 단무지 50g, 올리브유 약간
밥 밑간 통깨 1큰술, 참기름 1작은술, 소금 1/4작은술
달걀 밑간 맛술 1작은술, 소금 1/6작은술

1. 밥은 밑간한다. 김은 가로 방향으로 2등분해 4장을 만든다.
2. 달걀은 체에 내려 알끈을 제거하고 밑간해 거품이 나지 않게 젓는다.
3. 약하게 달군 팬에 올리브유를 둘러 키친타월로 펴 바른 후 약한 불에서 달걀물을 부어 지단을 부친다.
4. ❸의 가장자리가 익으면 이쑤시개로 떼어 표면이 완전히 익기 전에 접는다. 다시 달걀물을 붓고 접어서 도톰한 지단을 만든다.
5. 스팸은 0.5cm 두께로 잘라 달군 팬에 굽는다. 단무지는 얇게 채 썬다.
6. 김발에 김을 깔고 밑간한 밥을 고르게 편 후 단무지채, 도톰한 달걀지단, 구운 스팸 순으로 올려 만다.

COOKING TIP

**달걀물에 녹말물을
섞으면 튼튼해져**

지단이 잘 찢어진다면 달걀물에 녹말물을 조금 섞어서 만드세요. 녹말 성분이 점성을 높여주지요. 가장자리 색깔이 변했을 때 이쑤시개로 살살 팬에서 떼면 보다 쉽게 지단을 부칠 수 있어요.

깔라마리프리티 김밥

손님 초대상에 특별한 메뉴를 올리고 싶을 때 깔라마리프리티 김밥을
소개합니다. 오징어 튀김과 파인애플이 조화를 이루는 김밥이지요. 새우튀김,
돈가스 등을 넣고 싸도 맛있어요.

밥 1공기(200g), 김밥용 김 2장, 오징어 1/2마리, 양상추 3장,
파인애플통조림 2쪽, 밀가루 2큰술, 카놀라유 2컵(튀김용)
밥 밑간 참기름 1작은술, 통깨 1/2작은술, 소금 1/4작은술
와사비 마요네즈 마요네즈 2큰술, 꿀 1/2작은술, 와사비 1/4작은술
오징어 밑간 다진 마늘 · 맛술 1/2작은술씩, 소금 · 후춧가루 약간씩
오징어튀김 반죽 튀김가루 1/2컵, 물 1/3컵

1. 밥은 밑간하고, 와사비 마요네즈 소스를 만든다. 양상추는 깨끗이 씻어 놓고, 파인애플은
반으로 잘라 준비한다.
2. 깨끗하게 손질한 오징어는 2cm 두께로 자른 후 밑간으로 재운다. 튀김 반죽을 만든다.
3. 밑간한 오징어에 밀가루와 튀김반죽을 묻힌다. 카놀라유를 170℃ 달궈 노릇하게 튀긴다.
4. 김은 세로 방향으로 2등분해 4장을 만든다.
5. 김발에 김을 깔고 밑간한 밥을 고르게 편 후 와사비 마요네즈, 양상추, 파인애플, 오징어
튀김, 와사비 마요네즈를 올려 만다.

김 + 밥 + 재료 4

차돌박이, 목살양념구이, 불고기로 말은 고기 김밥부터 날치알,
연어, 참치, 새우튀김이 들어간 해산물 김밥까지… 짱짱한
비주얼에 영양까지 가득한, 어디에 내놓아도 손색없는 일품요리
김밥만을 모아보았습니다.

차돌박이
영양부추 김밥

연어양파 롤

날치알누드 롤

날치알누드 롤

톡톡 터지는 날치알의 씹는 재미가 있는
롤입니다. 날치알은 자칫 비릴 수 있으니 청주,
식초를 넣어 담갔다가 사용하세요. 화려한
느낌을 내고 싶다면 색깔 있는 날치알을
선택해요.

새우튀김양상추 김밥

■ 밥 2공기(400g), 김밥용 김 2장, 날치알 2컵,
오이 1/2개, 게맛살 6개, 달걀 4개,
마요네즈 3큰술, 올리브유 1/2큰술
배합초 식초 1큰술, 설탕 2/3큰술, 소금 1/3큰술
달걀 밑간 맛술 1작은술, 소금 1/3작은술
날치알 담금 양념 청주 1큰술, 식초 1작은술

1. 냄비에 배합초 재료를 넣고 설탕, 소금이 녹을
정도로 살짝 끓인 후 밥이 뜨거울 때 넣어 주걱으로
가르듯이 섞는다.
2. 날치알은 물에 한번 씻은 후 담금 양념에 10분간
넣었다 체에 밭친다.
3. 오이는 채 썰고, 게맛살은 결대로 찢은 후
마요네즈에 버무린다. 달걀은 풀어 밑간한다.
4. 약하게 달군 팬에 올리브유를 둘러 키친타월로 펴
바르고 밑간한 달걀물을 붓는다.
5. ❹의 가장자리가 익으면 이쑤시개로 떼고 표면이
완전히 익기 전에 접는다. 다시 달걀물을 붓고 접어서
도톰한 지단을 만든다.
6. 김발에 랩을 깐 후 김 1장을 올리고 김이 보이지
않게 밥을 고르게 편다. 김 부분이 안으로 오게끔
뒤집는다.
7. ❻에 오이채, 달걀지단, 마요네즈에 버무린
게맛살을 올려 돌돌 만다.
8. 랩을 벗긴 후 날치알을 묻혀 다시 랩으로 말고,
김발로 말아 다시 한 번 모양을 잡아 썬다.

연어양파 롤

뷔페 코너에서 자주 보던 연어양파 롤을 집에서 도전해보세요.
마트에서 구입한 훈제연어만 있으면 손쉽게 만들 수 있답니다.
연어롤 소스의 느끼함을 잡고 싶다면 와사비를 약간만 넣으세요.

밥 2공기(400g), 김밥용 김 2장, 훈제연어 1팩(10장), 게맛살 6개,
당근·오이·양파 1/3개씩, 무순 약간, 마요네즈 2큰술
배합초 식초 1큰술, 설탕 2/3큰술, 소금 1/3큰술
연어롤 소스 마요네즈 3큰술, 다진 피클·크림치즈 1큰술씩,
올리고당·레몬즙 1작은술씩

1. 냄비에 배합초 재료를 넣고 설탕, 소금이 녹을 정도로 살짝 끓인 후
밥이 뜨거울 때 넣어 주걱으로 가르듯이 섞는다.
2. 당근과 오이, 양파는 0.2cm 채 썰고, 게맛살은 결대로 찢어
마요네즈에 버무린다.
3. 김발에 랩을 깐 후 김 1장을 올리고 김이 보이지 않게 ❶의 밥을
고르게 편다. 이후 김 부분이 안으로 오게끔 뒤집는다.
4. ❸에 준비한 마요네즈에 버무린 게맛살, 오이채, 당근채를 올리고
돌돌 만다. 연어롤 소스 재료를 섞어 소스를 만든다.
5. 랩을 벗기고 김밥 위에 훈제연어를 올린 후 랩으로 다시 돌돌 말고
김발로 한 번 더 모양을 잡는다.
6. 랩을 벗긴 연어롤 위에 소스와 양파채, 무순을 올린다.

COOKING TIP

배합초는 중약 불에서 은근히 끓여야

배합초는 센 불보다는 중약 불에서 끓여야 해요. 설탕이 있어서 양이 적을 경우 타버리기 쉽습니다. 밥이 뜨거울 때 배합초를 넣어야 밥알 하나하나에 양념이 배어 들어가요. 일반 식초 대신 흑미 식초, 홍초 등을 이용해도 좋아요.

파김치들기름볶음 김밥

냉장고 안에 신 파김치가 있다면 버리지 말고 볶아서 김밥 속재료로 이용해 보세요. 파김치를 볶을 때는 국물을 꼭 짜 볶아야 김밥이 눅눅해지지 않아요.

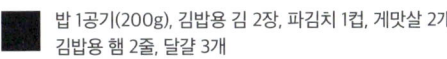
밥 1공기(200g), 김밥용 김 2장, 파김치 1컵, 게맛살 2개, 김밥용 햄 2줄, 달걀 3개
밥 밑간 참기름 1작은술, 통깨 1/2작은술, 소금 1/4작은술
파김치 양념 들기름 1/2큰술, 설탕 1과1/2작은술
달걀 밑간 맛술 1/2작은술, 소금 약간

1. 밥은 밑간하고, 게맛살은 길이로 반 자르고, 햄은 팬에 한번 볶는다.
2. 파김치는 5cm 길이로 썰어 팬에서 들기름, 설탕과 함께 볶는다.
3. 김발에 김 1장을 깔고 밑간한 밥을 편 뒤, 파김치 볶음, 게맛살, 볶은 햄을 올려 돌돌 만다.
4. 달걀은 체에 내려 알끈을 제거한 후 밑간한다.
5. 약하게 달군 팬에 달걀물을 부은 후 익기 시작하면 가장자리를 이쑤시개로 뗀다.
6. ❺ 위에 김밥을 올려 말아 칼에 식초물을 묻혀 먹기 좋은 크기로 썬다.

COOKING TIP

덜 익은 파김치에는 식초 한 방울 더해

파김치가 덜 익어 아직 간이 제대로 배지 않았다면 볶을 때 식초 약간을 넣어주세요. 금세 신 파김치 맛이 난답니다. 열무김치나 알타리 김치를 이용해도 맛있는 김밥을 만들 수 있습니다.

차돌박이
영양부추 김밥

어르신을 위한 메뉴로 차돌박이영양부추 김밥을 권해요. 차돌박이와 영양부추, 무쌈, 고추장아찌가 들어 있어 한입 고기쌈을 먹는 기분이 든답니다. 영양부추는 양념을 할 때 살짝만 버무려주세요.

밥 1공기(200g), 김밥용 김 2장, 차돌박이 100g, 영양부추 한줌(60g), 고추장아찌 4개, 무쌈 4장, 쌈장 1큰술, **밥 밑간** 참기름 1작은술, 통깨 1/2작은술, 소금 1/4작은술 **영양부추무침 양념** 매실청 1큰술, 액젓 · 식초 · 깨 · 참기름 · 식초 1작은술씩

1. 밥에 참기름과 통깨, 소금을 넣어 넣어 섞는다.
2. 고추장아찌는 길이대로 반으로 자른다.
3. 영양부추는 자르지 않고 길이 그대로 양념에 무친다.
4. 차돌박이는 팬에 구워 준비한다. 너무 바짝 굽지 않는다.
5. 김발에 김 1장을 깔고 밑간한 밥을 고르게 편 후 쌈장, 무쌈, 구운 차돌박이, 영양부추무침 순으로 올려 만다.
6. 칼에 식초물을 묻혀 먹기 좋은 크기로 썬다.

COOKING TIP

영양부추는 묶어서
버무려야 깔끔

영양부추를 양념에 무칠 때는 한데 묶어서 버무려야 깔끔한 요리가 완성됩니다. 부추를 잘라 버무리면 흐트러져 자칫 지저분해 보이기 십상이지요. 세발나물, 참나물 등 제철채소를 차돌박이와 함께 넣어도 맛있어요.

새우튀김
양상추 김밥

아이들이 좋아하는 메뉴인 새우튀김을 넣고, 평소에 먹지 않던 채소나
과일을 김밥 속에 숨겨 넣어보세요. 양상추 대신 상추나 다른 쌈 채소를
이용해도 좋답니다. 새우를 튀길 때 젖은 빵가루를 이용하면 더 바삭해요.

밥 1공기(200g), 김밥용 김 2장, 새우 4마리, 양상추 2장,
콜라비·사과 1/5개씩, 달걀 1개, 빵가루 2/3컵, 밀가루 1/4컵,
마요네즈 2큰술, 카놀라유 2컵(튀김용)
밥 밑간 참기름 1작은술, 통깨 1/2작은술, 소금 1/4작은술

1. 밥은 밑간하고, 새우는 머리와 껍질, 물총을 떼고 이쑤시개를 이용해
2번째마디 사이로 내장을 뺀다.
2. 양상추는 깨끗이 씻어 물기를 제거하고, 콜라비와 사과는 0.3cm
두께로 채 썬다.
3. 달걀은 풀어두고, 새우는 밀가루-달걀물-빵가루 순으로 묻혀
카놀라유를 170℃로 달궈 노릇하게 튀긴다.
4. 김은 세로 방향으로 2등분해 4장을 만든다.
5. 김발에 김을 깔고 밑간한 밥을 고르게 편 후 양상추, 콜라비채, 사과채,
새우튀김, 마요네즈를 순서대로 올려 만다.
6. 칼에 식초물을 묻혀 먹기 좋은 크기로 썬다.

COOKING TIP

**튀김용 새우는
물총 제거 필수**

새우의 꼬리 부분의 물총은
꼭 제거하세요. 새우를 튀길
시 물총 때문에 기름이 튈 수
있답니다. 껍질 벗긴 새우는
안쪽에 4~5개의 칼집을 내면
튀겼을 때 구부러지지 않고
반듯한 새우튀김을 만들 수
있어요.

달콤이목살양념구이 김밥

달콤한 목살양념구이와 아삭한 로메인, 살짝 매운 마늘종, 쫄깃한 표고버섯
재료의 조합이 맛난 김밥입니다. 남은 돼지갈비가 있다면 굳이 목살을 따로
구입해 양념할 것이 그대로 넣어도 좋습니다.

밥 1공기(200g), 김밥용 김 2장, 목살 150g, 로메인 4장, 마늘종 2줄기, 표고버섯 6개
밥 밑간 참기름 1작은술, 통깨 1/2작은술, 소금 1/4작은술
목살 양념 간장 1과1/2큰술, 설탕·다진 파·간 양파 1큰술씩,
올리고당·다진 마늘·맛술 1/2큰술씩, 후춧가루 약간
와사비 마요네즈 마요네즈 2큰술, 와사비·꿀 1/2작은술씩

1. 밥에 참기름과 통깨, 소금으로 밑간한다.
2. 목살은 칼집을 낸 후 볼에 양념 재료를 한데 섞은 뒤 재운다.
3. 로메인과 마늘종은 끝만 다듬고, 표고버섯은 채 썰고, 와사비 마요네즈를 만들어
   짤 주머니에 넣는다.
4. 달군 팬에 양념한 목살을 구워 먹기 좋은 크기로 자른다. 표고버섯도 볶는다.
5. 김발에 김 1장을 깔고 밑간한 밥을 고르게 편 후 와사비 마요네즈, 로메인, 마늘종,
   표고버섯볶음, 목살양념구이, 와사비 마요네즈 순으로 올려 돌돌 만다.

살시치아
파인애플 김밥

소시지와 파인애플, 파프리카, 피클이 들어 있어 마치 소시지 핫도그를 먹는 기분이 들지요. 소시지 대신 샌드위치 햄, 김밥용 햄을 넣어도 맛이 좋습니다. 파프리카의 색깔을 다양하게 넣으면 김밥 단면이 더 예뻐집니다.

■ 밥 2공기(400g), 김밥용 김 2장, 파프리카 1개, 피클 1/2컵,
파인애플 2조각, 소시지 3개, 양상추 3~4장
밥 밑간 참기름 2작은술, 통깨 1작은술, 소금 1/2작은술
머스터드 마요네즈 마요네즈·머스터드 2큰술씩, 꿀 1작은술

1. 밥은 밑간하고, 파프리카와 피클은 채 썬다. 파인애플은 다지고, 소시지는 칼집을 낸다.

2. 마요네즈와 머스터드, 꿀을 섞어 머스터드 마요네즈를 만든다.

3. 달군 팬에 소시지를 굽는다.

4. 김발에 랩을 깐 후 김 1장을 올리고 김이 보이지 않게 밥을 고르게 편다. 김 부분이 안으로 오게끔 뒤집는다.

5. ④에 머스터드 마요네즈, 다진 파인애플, 파프리카채, 피클채, 구운 소시지를 올려 말고 다시 랩으로 감싸 김발로 말아 모양을 잡는다.

6. ⑤의 랩을 벗긴 뒤 양상추를 위에 올려 칼에 식초물을 묻혀 먹기 좋은 크기로 썬다.

COOKING TIP

양상추는 먹기 직전에 올려 썰기

양상추를 롤 위에 얹어 한 번에 단면을 자르면 보기에도, 먹기에도 편해요. 양상추 대신 여러 가지 쌈 채소를 올려도 좋지요. 사과, 배 등 다른 과일을 넣어도 잘 어울려요.

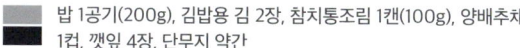

참치초장 김밥

마치 회덮밥 같은 맛을 느낄 수 있는 김밥 메뉴입니다. 참치와 양배추, 깻잎, 단무지를 넣고 초장을 넣어 김밥을 말아주세요. 새콤달콤 맛있는 참치초장 김밥이 된답니다. 양배추가 없다면 상추나 다른 쌈채소로 대체해도 좋아요.

밥 1공기(200g), 김밥용 김 2장, 참치통조림 1캔(100g), 양배추채 1컵, 깻잎 4장, 단무지 약간
밥 밑간 참기름 1작은술, 통깨 1/2작은술, 소금 1/4작은술
초장 고추장 · 식초 2큰술씩, 매실청 1큰술, 설탕 2작은술, 통깨 · 참기름 1작은술씩

1. 밥은 밑간하고, 참치는 체에 밭쳐 기름기를 뺀다.
2. 양배추채는 찬물에 담근 후 체에 밭쳐 물기를 뺀다.
3. 깻잎은 깨끗이 씻어 준비하고, 단무지는 0.2cm 두께로 채썰고, 볼에 초장 재료를 넣어 섞어 준다.
4. 김은 가로 방향으로 2등분해 4장을 만든다.
5. 김발에 김을 깔고 밑간한 밥을 고르게 편 후 초장, 깻잎, 양배추채, 단무지채, 참치를 순서대로 올려 돌돌 만다. 순서대로 올려 돌돌 만다.
6. 칼에 식초물을 묻혀 먹기 좋은 크기로 썬다.

양배추는 차가운 물에 담갔다 사용

양배추채는 찬물에 담갔다 체에 밭쳐 사용하세요. 김밥용 속 재료는 수분을 최대한 없애야 김이 눅눅해지지 않고 간이 싱거워지지 않는답니다. 체에 밭쳐 수분을 제거하고, 체에 키친타월을 깔고 다시 양배추를 올려 수분을 없애주세요.

살사치아파인애플
김밥

불고기치즈가득
김밥

달콤이목살양념구이
김밥

불고기치즈가득 김밥

불고기와 깻잎만 넣어도 맛있는데, 여기에
크림치즈, 체다치즈를 더하니 입에서 살살
녹지요. 크림치즈가 단단하지 않아 김밥 말기가
힘들다면 냉동고에 넣어 굳혔다가 사용하세요.
크림치즈 안에 견과류나 건과일을 다져 넣고
모양을 잡으면 그 맛이 더 다양해져요.

밥 2공기(400g), 김밥용 김 2장, 불고기 100g,
깻잎 4장, 체다치즈 5장, 크림치즈 5큰술
밥 밑간 참기름 2작은술, 통깨 1작은술, 소금 1/2작은술
불고기 양념 간 양파·다진 파 1큰술씩, 간장·설탕
2/3큰술씩, 다진 마늘·맛술·참기름 1작은술씩,
통깨 1/2작은술, 후춧가루 약간

1. 밥은 밑간하고 불고기는 양념에 재운다. 깻잎도
깨끗이 씻어 준비한다.
2. 체다치즈는 3등분으로 잘라 준비하고, 크림치즈는
랩에 2와1/2큰술씩 넣어 김밥용 김 길이대로 길게
모양을 잡는다.
3. 달군 팬에 양념에 ❶의 재운 불고기를 볶는다.
4. 김발에 랩을 깔고 김 1장을 올린 뒤 김이 보이지
않게 밥을 고르게 편다. 김 부분이 안으로 오게끔
뒤집는다.
5. ❹에 깻잎, 크림치즈, 불고기를 올려 돌돌 만다.
6. ❺의 랩을 벗긴 후 김밥 위에 3등분한 체다치즈를
올리고 다시 랩으로 감싼다.
7. 랩을 씌운 채로 칼에 식초물을 묻혀 먹기 좋은
크기로 썬다.

피망잡채 김밥

아이들이 싫어하는 채소 3인방 피망, 당근, 양파. 이 모두를 김밥 속에 넣었습니다. 피망잡채 김밥을 만들 때는 피망을 제일 마지막에 넣어 예쁜 초록빛을 유지시키는 게 가장 중요해요. 피망은 오래 볶으면 색이 죽고, 식감도 덜해요.

밥 1공기(200g), 김밥용 김 2장, 피망 1개, 양파 1/2개, 당근 1/4개, 달걀 2개, 올리브유 1/2큰술
밥 밑간 참기름 1작은술, 통깨 1/2작은술, 소금 1/4작은술
달걀 밑간 맛술 1/2작은술, 소금 약간
피망잡채 양념 간장 · 설탕 2/3큰술씩, 맛술 1작은술, 참기름 1/2작은술

1. 밥은 밑간하고, 피망, 양파, 당근은 0.3cm 두께로 채 썬다.
2. 달걀은 풀어 체에 내려 알끈을 제거한다. 달걀은 밑간해 거품이 나지 않도록 젓는다.
3. 약하게 달군 팬에 올리브유를 둘러 키친타월로 펴바른다. ❷를 부어 지단을 접어가며 도톰하게 부친다.
4. 달군 팬에 올리브유를 두르고 채 썬 양파와 당근을 볶다가 피망잡채 양념을 더한다. 마지막에 센 불에서 피망을 넣어 볶는다.
5. 김은 세로 방향으로 3등분해 6장을 만든다.
6. 김발에 김을 깔고 밑간한 밥을 고르게 편 후 ❹의 피망잡채, 도톰한 달걀지단을 올려 돌돌 만다.
7. 칼에 식초물을 묻혀 먹기 좋은 크기로 썬다.

**피망은 센 불에서
살짝만 익혀야**

피망은 재료를 다 볶은 후 마지막에 센 불에서 짧게 볶아주세요. 오랜 시간 볶으면 색이 변한답니다. 피망은 넣자마자 불을 끄고 잔열로 익혀도 충분히 익어요. 색색의 파프리카 또는 소금에 절인 오이를 넣어도 좋아요.

누드&달걀말이 김밥
투명용기에 담기

맛은 물론 비주얼부터 색다른 롤 타입의 누드 김밥과 달걀말이 김밥은
투명한 용기에 담아 준비하세요. 김밥의 단면이 잘 보여 보기에도 화려하고
먹음직스럽습니다. 도시락 선물을 할 때 이용하기 좋아요. 통깨나 가루 등을
묻히거나 뿌린 롤은 랩을 이용해 분리해 넣어야 맛을 해치지 않아요.

샌드위치 김밥

사먹기는 쉬워도 집에서 직접 만들어 먹기는 조금 낯선 샌드위치.
빵을 밥으로, 속재료를 자주 먹던 반찬으로 채우면 어떨까요?
이른바 샌드위치 김밥입니다. 최근 일본에서 '오니기라즈'라는
메뉴로 선풍적인 인기를 모으는 샌드위치 김밥, 직접 싸봤습니다.
싸는 방법은 P 030 참조.

돈가스양배추샌드위치 김밥

일식 돈가스집에 가면 항상 돈가스와 양배추, 참깨 소스가 세트를 이루지요.
그것을 김밥 안에 넣은 메뉴가 돈가스양배추샌드위치 김밥입니다. 참깨
소스와 어우러진 양배추채가 돈가스의 느끼함을 잡아줍니다.

■ 밥 1과1/2공기(300g), 김밥용 김 2장, 돈가스용 돼지고기(등심 또는 안심) 200g, 양배추채 2컵,
단무지 1/2컵, 파프리카 1/2개, 오이 1/4개, 달걀 1개, 빵가루 1컵, 밀가루 1/3컵, 카놀라유 2컵(튀김용)
밥 밑간 참기름 1과1/2작은술, 통깨 2/3작은술, 소금 1/3작은술
돈가스 밑간 다진 마늘 · 맛술 1작은술씩, 소금 · 후춧가루 약간씩
참깨 소스 참깨 1/3컵, 마요네즈 · 견과류 1큰술씩, 설탕 · 맛술 · 간장 · 물 1/2큰술씩,
레몬즙 1작은술, 소금 1/6작은술

1. 밥은 밑간하고, 돈가스용 돼지고기도 칼집을 넣어 밑간한다.
2. 단무지, 파프리카, 오이는 채 썰고, 참깨 소스는 커터기에 갈아 준비한다.
3. 달걀은 풀고, 밑간한 돈가스용 돼지고기는 밀가루-달걀물-빵가루 순으로 튀김옷을 묻힌다.
4. ❶의 돈가스를 170℃로 달군 카놀라유에 넣어 노릇하게 튀겨 먹기 좋은 크기로 자른다.
5. 도마에 랩과 김 1장을 순서대로 올리고 10cm×10cm 크기로 밥을 깐 뒤, 양배추채, 오이채, 파프리카채,
단무지채, 돈까스, 참깨 소스, 밥을 순서대로 올린다.
6. 김을 네모 모양으로 감싸고 랩으로 한 번 더 감싼 뒤 칼에 식초물을 묻혀 반 자른다.

크림치즈견과 샌드위치 김밥

카페에서 볼 수 있던 샌드위치를 집에서 김밥으로 만들어봅니다.
김 위에 밥을 깔고 크림치즈와 게맛살, 호두, 피클, 크랜베리를 층층이
쌓아올려 뚝 잘라주면 맛있는 김밥이 만들어집니다.

비트밥 1과1/2공기(300g), 김밥용 김 2장, 게맛살 6개, 오이피클
1/2컵, 크랜베리 1/4컵, 크림치즈 6큰술, 호두 3큰술
비트밥 밑간 참기름 1과1/2작은술, 통깨 2/3작은술, 소금 1/3작은술

1. 비트밥은 밑간하고, 크림치즈는 랩 위에 3큰술씩 덜어 10cm×10cm
크기의 네모 모양을 잡는다.

2. 오이피클은 0.3cn 두께로 슬라이스한다.

3. 도마에 랩과 김 1장을 순서대로 올리고 밑간한 비트밥을 10cm×10cm
크기로 편다.

4. ❸ 위에 모양 잡은 크림치즈, 호두, 크랜베리, 게맛살, 오이피클을 올린
후 다시 한 번 밥을 덮는다.

5. 김을 네모 모양으로 감싸고, 한 번 더 랩으로 감싼 뒤 칼에 식초물을
묻혀 반 자른다.

**샌드위치 김밥에 밥은
10cm×10cm 크기로**

샌드위치 김밥은 김 위에 밥
을 퍼는 것부터 다르지요. 밥
을 김 가득 메꾸는 일반 김밥
과 달리, 샌드위치 김밥은 김
중앙에 10cm×10cm 크기로
밥을 올려야 해요. 이후 네 면
의 모서리를 중앙으로 모아
네모 모양을 만들어주면 되어
요.

햄사과채
샌드위치 김밥

달콤한 사과가 들어가서 씹히는 맛과 달콤해요.
제철에 나오는 과일을 넣어도 맛나지요.
사과는 채썰지 않고 슬라이스해 넣어도 좋답니다.

밥 1과1/2공기(300g), 김밥용 김 2장, 사과 1/5개, 표고버섯 6개,
샌드위치용 햄·게맛살 4개씩, 비트잎 4장, 마요네즈 2큰술,
올리브유 1/2작은술, 소금·후춧가루 약간씩
밥 밑간 참기름 1과1/2작은술, 통깨 2/3작은술, 소금 1/3작은술

1. 밥은 밑간하고, 사과와 표고버섯은 0.3cm 두께로 썬다. 표고버섯은
소금과 후춧가루로 간한다.
2. 팬에 올리브유를 둘러 간한 표고버섯을 수분이 없을 때까지 볶는다.
3. 게맛살은 결대로 찢어 마요네즈에 버무린다.
4. 도마에 랩과 김 1장을 순서대로 올리고 밑간한 밥을 10cm×10cm
크기로 편다.
5. ④ 위에 샌드위치 햄, 비트잎, 사과채, 게맛살, 볶은 표고버섯을 올린 후
다시 한 번 밥을 덮는다.
6. 김을 네모 모양으로 감싸고, 한 번 더 랩으로 감싼 뒤 칼에 식초물을
묻혀 반 자른다.

COOKING TIP

게맛살은 결대로 찢어야
식감도 좋아

게맛살을 요리에 넣을 때는 반
드시 결대로 찢어서 사용하세
요. 그래야 소스 간도 잘 배고,
입에 넣었을 때 식감도 좋아져
요. 소스 양은 너무 많지 않도
록 주의하세요. 자칫 게맛살의
쫄깃한 식감이 사라질 수도 있
어요.

나물비빔 샌드위치 김밥

명절 직후 남은 나물이 고민스러울 때는 나물비빔샌드위치 김밥에 도전하세요. 봄에는 향긋한 봄나물을, 정월 대보름에는 묵은 나물을, 가을에는 무나물과 시래기나물로 만들어요.

* 약고추장 만들기 70페이지 참고

현미밥 1과1/2공기(300g), 김밥용 김 2장, 시금치 1/2단,
콩나물 · 고사리 2/3컵(50g)씩, 당근 1/5개, 약고추장 3큰술
밥 밑간 참기름 1과1/2작은술, 통깨 2/3작은술, 소금 1/3작은술
콩나물무침·시금치무침 양념 참기름 1/2작은술, 소금 약간
고사리볶음 양념 들기름 1작은술, 다진 파·다진 마늘·국간장 1/2작은술씩

1. 현미밥은 밑간하고, 끓는 물에 소금을 넣고 콩나물, 시금치, 고사리 순으로 데쳐 찬물로 헹구어 체에 밭친다.
2. 콩나물과 시금치는 참기름과 소금으로 각각 양념한다.
3. 당근은 0.2cm 두께로 곱게 채 썬 후 팬에 소금을 넣고 살짝 볶고, 고사리도 넣어 볶는다.
4. 도마에 랩과 김 1장을 순서대로 올리고 밑간한 밥을 10cm×10cm 크기로 편다.
5. ❹ 위에 약고추장, 시금치무침, 콩나물무침, 고사리볶음, 당근볶음 순서로 올린 후 다시 한 번 밥을 덮는다.
6. 김을 네모 모양으로 감싸고, 한 번 더 랩으로 감싼 뒤 칼에 식초물을 묻혀 반 자른다.

COOKING TIP

당근은 오일에 살짝 볶아 사용

당근 속 비타민은 지용성이라 생으로 먹을 때보다 오일에 볶아 먹었을 때 영양소 흡수율이 높아져요. 만약 볶은 당근이 싫다면 당근을 살짝 데쳐서 김밥에 넣어주세요. 당근 대신 콜라비, 무를 사용해도 좋습니다.

치킨샐러드 샌드위치 김밥

치킨샐러드는 새콤달콤한 양념에 무쳐 속재료로 넣으세요. 샐러드로만 먹던 치킨샐러드를 김밥 안에 넣으면 그 맛이 색다르게 느껴집니다. 깔끔한 맛을 더하고 싶다면 토마토를 곁들여도 좋아요.

■ 통들깨밥 1과1/2공기(300g), 김밥용 김 2장, 닭가슴살 1쪽(100g), 새송이버섯장아찌 1개, 로메인 4장, 오이·당근 1/4개씩, 청주 1작은술, 후춧가루 약간
통들깨밥 밑간 참기름 1과1/2작은술, 통깨 2/3작은술, 소금 1/3작은술
치킨샐러드 소스 간장·식초 2/3큰술씩, 다진 양파 1/2큰술, 설탕 1작은술, 레몬즙 약간

1. 통들깨밥은 밑간하고, 냄비에 닭가슴살과 청주, 후춧가루를 넣고 냄비 주변에 기포가 보글보글 올라올 정도의 온도에서 삶아 그대로 식힌다.
2. 로메인은 깨끗이 씻어 물기를 뺀다. 새송이버섯장아찌는 0.3cm 두께로 썰고, 오이, 당근은 채 썬다.
3. 삶은 닭가슴살은 결대로 찢은 후 샐러드 소스로 버무린다.
4. 도마에 랩과 김 1장을 순서대로 올리고 10cm×10cm 크기로 밥을 편다.
5. ❹ 위에 준비한 로메인을 깔고 새송이버섯장아찌, 오이채, 당근채, 치킨샐러드를 올린 후 다시 한번 밥을 덮는다.
6. 김을 네모 모양으로 감싸고, 한 번 더 랩으로 감싼 뒤 칼에 식초물을 묻혀 반 자른다.

COOKING TIP

삶은 닭가슴살은 냄비 그대로 식혀야

닭가슴살은 퍽퍽한 식감이 단점이지요. 닭가슴살을 삶을 때는 팔팔 끓는 물이 아닌 작은 기포들이 올라오는 70~80℃의 약한 불에서 삶아주세요. 이후 식힐 때도 삶은 물이 있는 냄비 안에서 그대로 식혀야 촉촉하고 부드러운 닭가슴살을 맛볼 수 있어요.

동그란어묵샌드위치
김밥

깨볶벽닭가슴살샌드위치
김밥

돈가스양배추샌드위치
김밥

나물비빔샌드위치 김밥

깨범벅닭가슴살 샌드위치 김밥

닭가슴살을 튀겨서 넣는 샌드위치 김밥이에요.
이때 튀김옷 재료로 깨를 묻혀서 만들어보세요.
고소함이 진한 깨범벅닭가슴살이 완성된답니다.
빵가루와는 다른 고소한 맛과 씹히는 식감이
재미있지요.

밥 1과1/2공기(300g), 김밥용 김 2장, 닭가슴살
1쪽(100g), 로메인 4장, 달걀 1개, 당근 1/4개,
통깨 2/3컵, 오이피클 1/2컵, 밀가루 1/4컵, 올리브유
4큰술, 돈까스 소스 약간
밥 밑간 참기름 1과1/2작은술, 통깨 2/3작은술, 소금
1/3작은술
닭가슴살 밑간 맛술 1작은술, 다진 마늘 1/2작은술,
후춧가루 약간

1. 밥은 밑간하고, 닭가슴살은 1cm 정도의 두께로
저민 후 밑간해 재운다.
2. 로메인은 깨끗이 씻어 물기를 제거하고, 당근과
오이피클은 채 썬다. 달걀은 풀어 달걀물을 만든다.
3. 닭가슴살은 밀가루-달걀물-통깨 순으로 묻혀 달군
팬에 올리브유를 두른 후 지진다.
4. 도마에 랩과 김 1장을 순서대로 올리고
10cm×10cm 크기로 밑간한 밥을 편다.
5. ❹ 위에 돈가스 소스와 로메인, 오이피클채, 당근채,
깨범벅닭가슴살을 올린 후 다시 한 번 밥을 덮는다.
6. 김을 네모 모양으로 감싸고, 한 번 더 랩으로 감싼
뒤 칼에 식초물을 묻혀 반 자른다.

동그란어묵 샌드위치 김밥

동그란 어묵 안에 우엉조림, 파프리카, 단무지를 넣어 싸는 샌드위치 김밥이에요. 어묵 속에 들어간 재료들이 알록달록 예쁘지요. 동그란 어묵 대신 사각어묵을 사용해도 좋아요.

■ 밥 1과1/2공기(300g), 김밥용 김 2장,
동그란 구멍 뚫린 어묵 3개, 파프리카 1개, 우엉 20cm, 무순 1/2팩,
단무지 1/2컵, 와사비 1작은술
밥 밑간 참기름 1과1/2작은술, 통깨 2/3작은술, 소금 1/3작은술
우엉 담금물 물 1컵, 식초 1큰술
우엉조림 양념 물 1컵, 설탕 2/3큰술, 간장 2/3큰술, 참기름 1/2작은술
동그란 어묵 양념 물 3큰술, 설탕·간장 2/3큰술씩, 참기름 1/2작은술

1. 밥은 밑간하고, 파프리카와 단무지는 채 썬다.
2. 우엉은 껍질을 얇게 벗긴 후 길이 10cm, 두께 1cm로 썰어 담금물에 넣는다. 무순은 씻어 물기를 턴다.
3. 냄비에 ②의 우엉과 우엉조림 양념을 넣어 조린다.
4. 동그란 어묵은 끓는 물에 살짝 데친 후 양념에 조려 준비한다. 어묵 속에 우엉조림, 파프리카채, 단무지채를 넣는다.
5. 도마에 랩과 김 1장을 올리고 밑간한 밥을 10cm×10cm 크기로 편다.
6. ⑤ 위에 와사비를 바르고, 무순, 속 채운 어묵을 올린 후 밥을 덮은 뒤, 김을 네모 모양으로 감싸고, 한 번 더 랩으로 감싸 자른다.

COOKING TIP

어묵은 살짝 데쳐 졸였다가 사용

어묵은 살짝 데쳐야 깔끔한 맛이 나요. 어묵 양념에 집에 남는 자투리 채소를 넣어 같이 조려주세요. 한층 맛이 더 좋아져요. 동그란 어묵이 없다면 사각어묵에 재료를 넣어 돌돌 말아 데친 채소로 묶어보세요.

유부가득
샌드위치 김밥

맛있게 조린 유부와 참나물을 넣어 만든 샌드위치 김밥이에요.
쌉싸름한 맛이 입맛을 살려줄 거예요. 유부가 없다면 두부를 졸여서
넣어도 좋아요.

밥 1과 1/2공기(300g), 김밥용 김 2장, 네모 모양 유부 10개(100g),
참나물 1/4단, 샌드위치용 햄 2장
밥 밑간 참기름 2작은술, 통깨 1작은술, 소금 1/2작은술
유부조림 양념 양파 1/4개, 청양고추 1/2개, 대파 5cm, 다시마 5cm×5cm 1장,
간장·설탕 1큰술씩, 물 1컵

1. 밥은 밑간하고, 유부는 1cm 폭으로 썬 후 조림양념 재료와 조려
   유부조림을 만든다.
2. 참나물은 깨끗이 씻어 물기를 제거한다.
3. 도마에 랩과 김 1장을 순서대로 올리고 밑간한 밥을 10cm×10cm
   크기로 편다.
4. ❸ 위에 참나물과 샌드위치 햄, 조린 유부를 올린 후 다시 한 번 밥을
   덮는다.
5. 김을 네모 모양으로 감싸고, 한 번 더 랩으로 감싼 뒤 칼에 식초물을
   묻혀 반 자른다.

COOKING TIP

**유부는 양념과 함께
조려야 맛나**

샌드위치 김밥에 넣는 유부는
초밥용이 아닌 양념되어 있지
않은 네모난 유부를 사용합니
다. 네모난 유부에 양념을 더
해 조려 간을 해주지요. 유부
조리는 양념은 많은 양이 아니
기 때문에 금방 완성되어요.

119

아이 생일상
김밥 케이크

김밥은 대부분의 아이들이 좋아하는
메뉴이지요. 아이가 좋아하는 반찬을 속재료로
넣어 김밥을 싸보세요. 김밥의 두께를 달리해
썬 뒤, 두께별로 층을 쌓아올리면 세상에
유일한 김밥 케이크가 만들어진답니다. 생일
초나 깃발 등의 장식으로 마무리하세요.

브런치 모임
김밥 뷔페

김밥으로 차린 핑거푸드 테이블이에요. 집에 있는 재료로
각각 넣어 미니 김밥을 만들어 반만 잘라서 꼬투리 김밥처럼
그릇에 담아보세요. 화려한 속재료가 시선을 모으지요. 꽃병과
커피잔만 더하면 멋진 브런치 테이블이 완성됩니다.

다이닝 초대
김밥 샐러드

간단한 저녁식사 모임이 있다면 김밥으로 테이블을
한껏 멋내보세요. 샐러드볼에 양상추를 얇게 깔고,
가운데에 김밥을 올린 뒤 달걀지단채를 둘레에
뿌리면 색다른 김밥 샐러드가 완성되지요. 누드 김밥
위에 샐러드채소를 올리면 김밥과 샐러드를 함께
맛볼 수 있답니다. 소박한 국과 함께 내세요.

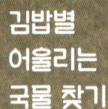

얼큰황태국

오징어얼큰무국

With
고소한 맛 김밥

김치콩나물국

김밥을 끼니로 해결할 요량이라면
김밥에 어울리는 곁들임 국물을 함께
내세요. 김밥의 맛에 따라 어울리는 국물도
제각각이지요. 고추장 베이스의 매운맛
김밥, 마요네즈 베이스의 고소한 김밥,
고기를 넣은 고기 김밥, 담백한 채소 김밥
등에 어울리는 국물을 끓여보았습니다.

추천 국물 1 오징어얼큰무국

오징어 1마리(250g), 무 1토막(100g), 청양고추 1개, 대파 10cm
다시마육수 물 5컵, 다시마 5cm×5cm 2장
양념 국간장 1큰술, 고춧가루 1/2큰술, 참치액젓 1작은술, 소금 약간

1. 오징어는 반 갈라 내장을 제거한 뒤 키친타월을 이용해 껍질을
벗긴 뒤 먹기 좋게 썬다.
2. 무는 0.3cm 두께로 나박 썰고, 청양고추와 대파는 송송 썰어
준비한다.
3. 냄비에 다시마육수 재료를 넣고 끓어오르면, 다시마는 건지고 나박 썬 무를 넣고 끓인다.
4. 한소끔 끓으면 오징어를 넣고 양념을 한다.
5. 마지막에 송송 썬 청양고추와 대파를 넣고 완성한다.

추천 국물 2 김치콩나물국

콩나물 1/2봉지(150g), 김치 2/3컵, 청양고추 1개,
홍고추 1/2개, 대파 10cm
멸치육수 물 5컵, 멸치 2/3컵, 무 1토막(100g), 양파 1/4개,
다시마 5cm×5cm 1장, 청주 1작은술
양념 국간장 1큰술, 소금 약간

1. 콩나물을 깨끗이 씻어두고, 김치는 먹기 좋은 크기로 썬다.
청양고추, 홍고추, 대파는 송송 썬다.
2. 냄비에 멸치육수 재료를 넣고 끓어오르면 다시마를 건지고, 중약 불에서 10~15분 끓인다.
3. 육수에서 멸치를 건지고, 콩나물과 김치를 넣고 한소끔 끓인다.
4. 국간장과 소금으로 간하고, 송송 썬 고추와 대파를 넣어 완성한다.

추천 국물 3 얼큰황태국

황태채 1컵(10g), 청양고추 2개, 홍고추 1/2개, 대파 10cm
멸치육수 물 5컵, 멸치 2/3컵, 무 1토막(100g), 양파 1/4개,
다시마 5cm×5cm 1장, 청주 1작은술
양념 국간장 1큰술, 소금 약간

1. 냄비에 멸치육수 재료를 넣고 끓어오르면 다시마를 건지고,
중약 불에서 10~15분 끓인다.
2. 청양고추, 홍고추, 대파는 송송 썬다.
3. 육수에서 멸치를 건지고 황태채를 넣고 끓인다.
4. 파르르 끓으면 송송 썬 청양고추, 홍고추, 대파를 넣고 국간장과 소금으로 간하여 완성한다.

들깨배춧국

모시조개탕

어묵국

With
매운맛 김밥

추천 국물 1 들깨배춧국

배추 4~5장, 두부 1/3모, 맛타리버섯 2줌, 대파 흰부분 10cm,
홍고추 1/2개
멸치육수 물 5컵, 멸치 2/3컵, 양파 1/4개,
다시마 5cm×5cm 1장, 청주 1작은술
양념 들깨가루 1/2컵, 국간장 1큰술, 다진 마늘 1작은술, 소금 약간

1. 냄비에 멸치육수 재료를 한데 넣고 끓어오르면 다시마는 건지고,
   중약 불에서 10~15분 끓인다.
2. 배추와 두부는 먹기 좋은 크기로 썰고, 버섯은 손으로 찢는다. 대파와 홍고추도 송송 썬다.
3. ❶의 육수에 배추, 두부, 버섯, 다진 마늘을 넣고 국간장과 소금으로 간한다.
4. 한소끔 끓으면 들깨가루를 넣고 송송 썬 대파와 홍고추를 넣어 마무리한다.

추천 국물 2 모시조개탕

모시조개 1봉지(500g), 미나리 2줄기, 홍고추 1/2개,
마늘 1쪽, 소금 2작은술
다시마육수 물 5컵, 다시마 5cm×5cm 2장

1. 모시조개를 해감을 한 뒤 손으로 바락바락 문지르며 깨끗이
   씻는다.
2. 미나리는 4cm 길이로, 홍고추는 송송 썰고 마늘은 얇게 채썬다.
3. 냄비에 다시마육수 재료를 넣고 끓어오르면 다시마를 건지고 모시조개를 넣어 끓인다.
4. 준비한 미나리와 홍고추, 마늘을 넣어 한소끔 끓인 후 소금 간하여 불을 끈다.

추천 국물 3 어묵국

모둠 어묵 1봉지(260g), 대파 10cm
멸치육수 물 5컵, 멸치 2/3컵, 무 1토막(100g), 양파 1/4개,
다시마 5cm×5cm 2장, 청주 1작은술
양념 국간장 1큰술, 참치액젓 · 다진 마늘 · 청주 1작은술씩,
소금 약간

1. 어묵은 먹기 좋은 크기로 자른 후 끓는 물에 30초정도 데친다.
2. 대파는 어슷하게 썰고 무는 0.3cm, 양파는 1cm 두께로 썬다.
3. 냄비에 멸치육수 재료를 넣고 끓어오르면 다시마를 건지고, 10분 끓인 후 멸치를 건진다.
4. ❸에 데친 어묵과 양념을 넣고 끓인 뒤, 어슷 썬 대파를 넣어 완성한다.

배추된장국

맑은콩나물국

With
고기 김밥

대파버섯탕

배추 5장, 청양고추 · 홍고추 1/2개씩, 대파 10cm
멸치육수 물 5컵, 멸치 2/3컵, 무 1토막(100g), 양파 1/4개,
다시마 5cm×5cm 1장, 청주 1작은술
양념 된장 2큰술, 다진 마늘 1작은술, 고춧가루 · 고추장 1/2작은술씩

1. 배추는 반 갈라 5cm 길이로 자르고, 각종 고추와 대파는
송송 썰어 준비한다.
2. 냄비에 멸치육수 재료를 넣고 끓어오르면 다시마를 건지고, 중약 불에서 10~15분 끓인다.
3. 육수에서 멸치를 건지고, 준비한 배추와 양념 재료를 넣고 한소끔 끓인다.
4. ❸에 송송 썬 청양고추와 홍고추, 대파를 넣고 완성한다.

맛타리버섯 한줌, 새송이버섯 1개, 표고버섯 3개, 대파 2대, 고추기름
1큰술, 다진 마늘 · 참기름 1작은술씩, 소금 · 후춧가루 약간씩
보리새우육수 물 5컵, 보리새우 1/2컵, 무 1토막(100g), 양파 1/4개,
다시마 5cm×5cm 1장, 청주 1작은술
양념장 고춧가루 2와1/2큰술, 참치액젓 · 새우가루 1/2큰술씩,
국간장 · 다진 마늘 1/3큰술씩, 생강즙 1작은술

1. 맛타리버섯, 새송이버섯은 끓는 물에 살짝 데쳐서 손으로 찢고,
표고버섯은 0.3cm 두께로 채썰어 준비한다. 대파는 5~6cm 길이로 썬다.
2. 양념장을 만들고, 볼에 버섯, 양념장, 고추기름을 넣어 조물조물 무친다.
3. 냄비에 보리새우육수 재료를 넣고 끓어오르면 다시마를 건지고, 중약 불에서 10~15분 끓인 뒤
보리새우를 건진다.
4. 냄비에 참기름을 넣고 ❷의 버섯무침을 넣어 볶다가 보리새우 육수를 붓고 끓인다.
5. 국물이 끓어오르면 다진 마늘, 대파를 넣고 소금, 후춧가루로 간을 한 후 마무리한다.

콩나물 1/2봉지(150g), 홍고추 1/2개, 대파 10cm
멸치육수 물 5컵, 멸치 2/3컵, 무 한토막(100g)양파 1/4개,
다시마 5cm×5cm 1장, 청주 1작은술
양념 새우젓 1작은술, 다진 마늘1/2작은술, 소금 약간

1. 콩나물은 깨끗이 씻어 물기를 빼고, 홍고추, 대파는 송송 썬다.
2. 냄비에 멸치육수 재료를 넣고 끓어오르면 다시마를 건지고, 중약
불에서 10~15분 끓이다 멸치도 건진다.
3. 콩나물을 넣고 뚜껑을 열고 끓이다 새우젓, 다진 마늘을 넣고 끓인다.
4. 한소끔 끓으면 송송 썬 고추를 넣고 소금 간하여 완성한다.

얼큰새우탕

With
채소 김밥

두부미역미소된장국

감자고추장국

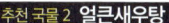추천 국물 1 **두부미역미소된장국**

미역 1/4컵, 두부 1/4모, 실파 2줄기, 미소된장 3과1/2큰술
다시마육수 물 4컵, 다시마 5cm×5cm 2장

1. 미역은 물에 불리고, 두부는 사방 2cm 크기로 자르고,
실파는 송송 썬다.
2. 냄비에 다시마육수 재료를 넣고 끓어오르면 다시마를 건지고, 미소된장을
푼다.
3. 한소끔 끓으면 불린 미역과 두부를 넣어 센 불에서 끓였다 불을 끈다.
4. 미소된장국에 송송 썬 실파를 넣어 완성한다.

추천 국물 2 **얼큰새우탕**

새우 8마리, 콩나물 1컵, 청양고추 1/2개, 대파 10cm
멸치육수 물 5컵, 멸치 2/3컵, 무 1토막(100g), 양파 1/4개,
다시마 5cm×5cm 1장, 청주 1작은술
양념 국간장 1큰술, 고춧가루 2/3큰술, 다진 마늘·소금 1작은술씩

1. 새우는 두 번째 마디에 이쑤시개를 넣어 내장을 제거한다.
2. 콩나물은 깨끗이 씻어 놓고, 청양고추와 대파는 어슷 썬다.
3. 냄비에 멸치육수 재료를 넣고 끓어오르면 다시마를 건지고, 중약 불에서
10~15분 끓이다 멸치를 건진다.
4. 냄비에 다듬은 새우와 양념을 넣고 한소끔 끓인 후 어슷 썬 콩나물과 대파와 청양고추를
순서대로 넣어 끓여 완성한다.

추천 국물 3 **감자고추장국**

감자 1개, 양파 1/4개, 애호박 1/3개, 청양고추 1/2개, 대파 10cm
멸치육수 물 5컵, 멸치 2/3컵, 무 1토막(100g), 양파 1/4개,
다시마 5cm×5cm 1장, 청주 1작은술
양념 고추장 2큰술, 된장 1큰술, 국간장 1/2큰술,
고춧가루·다진마늘 1작은술씩

1. 감자, 애호박은 1cm 두께, 양파는 한입 크기, 청양고추와 대파는 어슷 썬다.
2. 냄비에 멸치육수 재료를 넣고 끓어오르면 다시마를 건지고, 중약 불에서 10~15분 끓이다 멸치를 건진다.
3. ❷에 양념과 감자, 애호박을 더해 끓이다가 준비한 양파와 청양고추를 넣어 한소끔 끓인다.
4. 마지막에 어슷 썬 대파를 넣고 완성한다.

57가지 김밥과 18가지 곁들임

한입에 김밥

2025년 4월 30일 6쇄 발행

요　리	//	김봉경&최승봉
요리 어시스트	//	김다영
요리 스타일링	//	최근희
그릇 협찬	//	에델바움 02-706-0350
사　진	//	박영하 (여름.夏 스튜디오)
디 자 인	//	렐리시
디자인 어시스트	//	르마

펴 낸 이	//	문영애
펴 낸 곳	//	수작걸다
주　소	//	16825 경기 용인시 수지구 동천로64
이 메 일	//	suzakbook@naver.com
인스타그램	//	suzakbook
출력·인쇄	//	도담프린팅

값 8,800원

ISBN 978-89-6993-009-5 14590